DESIGN DIGITAL

conceitos e aplicações para websites, animações, vídeos e webgames

ADMINISTRAÇÃO REGIONAL DO SENAC NO ESTADO DE SÃO PAULO
Presidente do Conselho Regional: Abram Szajman
Diretor do Departamento Regional: Luiz Francisco de A. Salgado
Superintendente Universitário e de Desenvolvimento: Luiz Carlos Dourado

EDITORA SENAC SÃO PAULO
Conselho Editorial: Luiz Francisco de A. Salgado
Luiz Carlos Dourado
Darcio Sayad Maia
Lucila Mara Sbrana Sciotti
Luís Américo Tousi Botelho

Gerente/Publisher: Luís Américo Tousi Botelho
Coordenação Editorial: Ricardo Diana
Prospecção: Dolores Crisci Manzano
Administrativo: Verônica Pirani de Oliveira
Comercial: Aldair Novais Pereira

Edição e Preparação de Texto: Heloisa Hernandez
Coordenação de Revisão de Texto: Luiza Elena Luchini
Revisão de Texto: Sandra Regina Fernandes, Patricia B. Almeida
Projeto Gráfico e Editoração Eletrônica: Veridiana Freitas
Capa: Mirela Terce
Impressão e Acabamento: Maistype

Dados Internacionais de Catalogação na Publicação (CIP)
(Jeane Passos de Souza – CRB 8ª/6189)

Guerra, Fabiana
    Design digital: conceitos e aplicações para websites, animações, vídeos e webgames / Fabiana Guerra, Mirela Terce. – São Paulo : Editora Senac São Paulo, 2019.

Bibliografia.
ISBN 978-85-396-2696-0 (impresso/2019)
e-ISBN 978-85-396-2697-7 (ePub/2019)
e-ISBN 978-85-396-2698-4 (PDF/2019)

1. Design digital 2. Design digital : Internet 3. I. Terce, Mirela. II. Título.

19-912s	CDD – 006.6
	745.4
	778.5347
	004.678
	BISAC COM012000
	PER017000
	COM060130
	COM060000

Índices para catálogo sistemático:
1. Computação gráfica : Design digital 006.6
2. Design gráfico 745.4
3. Animação 778.5347
4. Internet (World Wide Web) : Design digital 004.678

Proibida a reprodução sem autorização expressa.
Todos os direitos desta edição reservados à
Editora Senac São Paulo
Av. Engenheiro Eusébio Stevaux, 823
Prédio Editora – Jurubatuba
CEP 04696-000 – São Paulo – SP
Tel. (11) 2187-4450
editora@sp.senac.br
https://www.editorasenacsp.com.br

© Editora Senac São Paulo, 2019

DESIGN DIGITAL

conceitos e aplicações para websites, animações, vídeos e webgames

Fabiana Guerra | Mirela Terce

Editora Senac São Paulo – São Paulo – 2019

SUMÁRIO

7 **Nota do editor**

9 **Prefácio**

11 **Agradecimentos**

15 **Apresentação**

17 **Introdução ao design digital**
Novas mídias
Princípios do design aplicados aos meios digitais

43 **Definição de problemas e ferramentas para a busca de soluções: projetando para o ambiente digital**
Levantamento de informações: briefing
Processo criativo

51 **Interfaces interativas e arquitetura de informação**
Fluxo e organização de conteúdo: arquitetura de informação
Experiência do usuário (UX)
Usabilidade, acessibilidade e navegabilidade

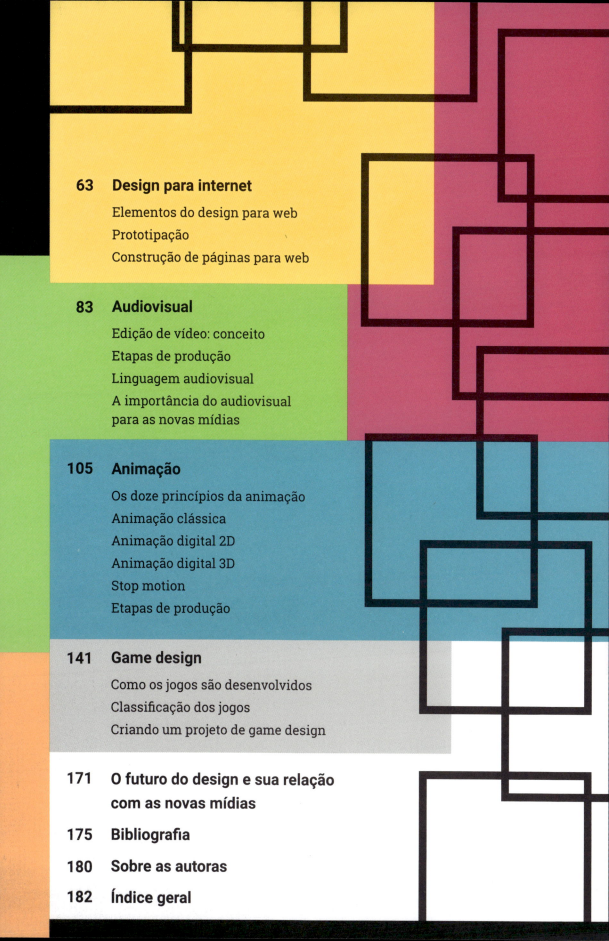

63 Design para internet
Elementos do design para web
Prototipação
Construção de páginas para web

83 Audiovisual
Edição de vídeo: conceito
Etapas de produção
Linguagem audiovisual
A importância do audiovisual
para as novas mídias

105 Animação
Os doze princípios da animação
Animação clássica
Animação digital 2D
Animação digital 3D
Stop motion
Etapas de produção

141 Game design
Como os jogos são desenvolvidos
Classificação dos jogos
Criando um projeto de game design

171 O futuro do design e sua relação com as novas mídias

175 Bibliografia

180 Sobre as autoras

182 Índice geral

NOTA DO EDITOR

As novas mídias, também chamadas de mídias digitais, estão cada vez mais presentes em nossas vidas, complementando os meios tradicionais de comunicação e modificando a forma como as pessoas se sociabilizam, consomem informação e entretenimento.

Nesse contexto, cabe ao designer digital a tarefa de solucionar problemas de forma criativa, oferecendo conteúdo textual, gráfico ou audiovisual de maneira clara, prática e interessante ao usuário, a fim de gerar uma experiência interativa mais agradável.

A todos aqueles que desejam projetar profissionalmente interfaces digitais, desde a criação de websites até o desenvolvimento de animações, vídeos e webgames, esta publicação do Senac São Paulo visa proporcionar rico aprendizado.

PREFÁCIO

A era da complexidade impõe para as instituições educacionais o desafio de formar profissionais para mudanças constantes e cenários de incertezas. A automação e a inteligência artificial, entre outras mudanças socioculturais e econômicas, fortalecem a necessidade de atualizar de forma sistemática os documentos e as práticas educacionais a fim de que continuem relevantes para a formação de profissionais atentos ao seu tempo e preparados para a aceleração e as mudanças no mundo do trabalho. Nesse contexto, os desafios acentuam-se quando abordamos a formação de designers. Os meios de produção e consumo ganham agilidade e, ao mesmo tempo, apontam para uma diversidade crescente.

Publicar um livro sobre design digital, mais do que uma abordagem de técnicas e procedimentos, é uma afirmação de que precisamos nos preparar para conviver com as mudanças constantes e nos sentir seguros com elas. Compreender tecnicamente como criar e utilizar equipamentos e aplicativos é a base para a proposta de conviver e transformar o mundo.

A formação de profissionais que contribuam para a construção de futuros desejados precisa ancorar-se em diretrizes que superem o conhecimento e o domínio de técnicas, tecnologias e métodos. O design digital nos leva a entender e a interferir no mundo artificial que criamos ao longo de nossa história. Dessa forma, amparado pelas teorias e tecnologias de comunicação, alinha-se às reflexões sobre o futuro das profissões e a uma formação com base humanista.

Este livro, desenvolvido com linguagem didática e bastante ilustrado, pretende aproximar o uso do design na criação de interfaces e produtos digitais. A divisão dos capítulos permite que os leitores naveguem por diversos projetos, compreendendo os princípios do design aplicados a cada um deles. A experiência educacional das autoras Fabiana e Mirela merece destaque, pois a construção do conhecimento tecnológico só faz sentido quando reconhecido como contribuição para estimular o desenvolvimento de profissionais comprometidos com a melhoria da qualidade de vida de pessoas e de comunidades.

Maria Silvia Queiroga Reis e *Alecio Rossi Filho*
Coordenadores de desenvolvimento em design do Senac São Paulo

AGRADECIMENTOS

À Maria Silvia Queiroga Reis e Alecio Rossi Filho, por plantarem essa semente e acreditarem no nosso potencial e no mercado do design digital brasileiro.

Às nossas famílias, por nos permitirem sonhar e sempre nos apoiar; em especial aos nossos maridos, Eduardo Mendes (esse é o da Mirela) e Valter Garcia (e esse o da Fabiana), pelo companheirismo, paciência e suporte, e por terem participado e acompanhado todo o processo desta obra.

Aos amigos Diogenes Ostuni e Tiago Bezerra, pela disponibilidade, ajuda e valiosos pitacos a distância.

Aos alunos, por nos inspirar e fazer crescente nossa paixão pela educação e pelo design e suas vertentes.

"Entender o significado do design é compreender os papéis que a forma e o conteúdo desempenham e perceber que o design também é comentário, opinião, ponto de vista e responsabilidade social. Criar um design é muito mais do que simplesmente montar, formatar ou mesmo editar; é acrescentar valor e significado, é iluminar, simplificar, esclarecer, modificar, dignificar, dramatizar, persuadir e talvez até mesmo entreter.

Design, em inglês, é tanto um verbo como um substantivo. É o início e o fim, o processo e o produto da imaginação."

Paul Rand, *designer*
(Design, form and chaos, 1993)

APRESENTAÇÃO

Este livro é dividido em sete capítulos, que abrangem diferentes temas relacionados ao design digital, desde uma breve contextualização do cenário geral até um mergulho mais direcionado em cada assunto e suas especificidades. Todos os capítulos contêm palavras-chave, termos técnicos utilizados na área, dicas e sugestões para leituras complementares, propostas de atividades e/ou estudos de caso, a fim de descomplicar e aproximar o universo do design digital. Dessa forma, o livro pode ser lido de acordo com o seu interesse, na ordem em que desejar.

Pretende-se assim criar uma ponte entre os estudantes e os profissionais que atuam nos meios digitais e no design, mostrando as principais necessidades de aplicação dos conceitos que o regem enquanto pilar, adequando produtos e interfaces digitais às possibilidades que a área oferece.

Esperamos que ao longo da leitura você se surpreenda com o vasto campo do design digital e suas aplicações, por meio de uma abordagem prática e de exemplos que demonstram sua presença cotidiana e indispensável na vida contemporânea.

Boa leitura!

INTRODUÇÃO AO DESIGN DIGITAL

DESIGN,
PRINCÍPIOS DO DESIGN,
MÍDIAS,
FORMATOS DE ARQUIVO

O design, na contemporaneidade, está presente na vida das pessoas de diversas formas, seja na criação de uma linguagem visual que será apenas consumida, seja na resolução de problemas profissionais e pessoais, como ferramenta. Os meios de comunicação se ampliaram, e percebemos que grande parte dos usuários do ambiente digital, tanto no que tange ao consumo de entretenimento, quanto no que se aproxima da comunicação, necessitam de um meio cada vez mais aprimorado e adequado à sua interação. Para tanto, os princípios e os elementos do design precisam ser estudados e empregados de forma congruente às necessidades digitais, tornando a experiência dos usuários mais agradável e contundente, permitindo que a comunicação rápida – característica dos espaços digitais – seja efetiva e de fácil compreensão.

A tecnologia está cada vez mais presente e mutável, ampliando a cada dia o seu papel em nossas vidas e fazendo emergir a necessidade e a busca por profissionais capazes de unir as novas possibilidades às soluções criativas para a resolução de problemas, dando forma às informações e tornando-as palpáveis.

A palavra *design* tem diversas abordagens e traduções, variando de acordo com o autor e a língua considerados. De maneira geral, significa "projetar", considerando aspectos abstratos, relativos à concepção, e concretos, relacionados à forma. Assim, o design visa pôr em prática um planejamento intencional para responder a um problema ou a uma necessidade, manipulando os conteúdos e organizando-os, a fim de que manifestem as mensagens e os conceitos pretendidos. O design surge quando o homem começa a projetar suas primeiras ferramentas para auxiliá-lo na vida cotidiana. A diferença é que hoje existe uma grande e nova estrutura no fluxo de informações, com a qual tivemos de nos acostumar e para o qual o design se torna indispensável para comunicar e facilitar a utilização de produtos e aplicações pelos usuários, bem como criar interfaces mais amigáveis, que disponibilizam a tecnologia necessária para tarefas modernas, de forma prática e interativa.

O design sempre esteve relacionado à tecnologia de seu tempo, reformulando seus mecanismos físicos e conceituais para se adequar e atender às novas demandas, buscando soluções cada vez mais focadas no consumidor final e em suas necessidades, já que nossas mensagens invariavelmente convivem com milhares de outras e são recebidas em contextos distintos e por pessoas com diversas referências culturais.

Dessa forma, o design digital surge como uma disciplina contemporânea, ligada ao desenvolvimento de interfaces com o usuário e com a tecnologia, em evolução contínua e rápida expansão. Vivemos em um mundo onde as tecnologias digitais permeiam as relações pessoais e profissionais, em um cenário que requer especialização constante e um olhar apurado para as novidades e tendências da era digital. A convergência e as novas mídias influenciam em grande escala a economia, as relações sociais e a cultura por meio de novas plataformas de sociabilização e de negócio, com as quais estamos cada vez mais envolvidos.

Ou seja, para atuar nesse contexto, o designer que trabalha para o ambiente digital precisa ser curioso e imaginativo, buscando traduzir e combinar todo o conjunto teórico do design tradicional – como o conhecimento de tipografia, a diagramação, o uso e o comportamento das cores e formas, a escolha intencional de imagens, a identidade visual e a estruturação de conteúdo, entre outros, ao desenvolvimento de produtos adaptáveis às telas, atribuindo, por meio da interface, forma à linguagem e às informações, pois dessa habilidade depende a qualidade da experiência do usuário.

Esse profissional trabalhará em equipe na maior parte do tempo, dedicando-se à combinação do design e de suas estruturas com as mídias digitais e as últimas tecnologias de informação e comunicação, devendo observar constantemente o mercado e suas vertentes, atuando em áreas como a web, o desenvolvimento e análise de interfaces, o design de serviços e produtos interativos, a criação e produção de animações, vídeos e jogos digitais, etc., sempre com foco no uso de tais interfaces e aplicações.

O papel do designer no ambiente digital é, portanto, multidisciplinar, prevendo uma triangulação entre o design, a tecnologia e a experiência do usuário, considerando as particularidades dos meios digitais quanto à formação e exibição de imagens, à fluidez e mobilidade das telas, à imaterialidade dos arquivos e, especialmente, às necessidades do usuário, já que a utilização dos aparelhos tecnológicos que nos rodeiam depende do design que projetamos para sua interface e seu contexto de uso, devendo unir usabilidade e estética. Para além de um meio específico, trabalhamos com a solução de problemas incorporando tempo e movimento, códigos visuais, sonoros e sequenciais.

O surgimento do meio digital trouxe consigo a interatividade, proporcionando uma mudança significativa na linguagem visual até então utilizada, trazendo maior riqueza e amplitude de possibilidades e demandando um designer de espaços de informação que vise uma comunicação legítima, ordenada e clara nos ambientes e produtos tecnológicos.

Todos estão habituados ao uso de diversos aparelhos e suas interfaces e são impactados por eles, de forma mais positiva ou não. Podem identificar e interagir com suas linguagens e informações em diferentes graus, sendo impelidos pelas experiências e sensibilizados pelas escolhas previamente concebidas. O que se pretende, então, é fazer o leitor passar de usuário consumidor a profissional projetista, de alguém que pode "ler" o que é comunicado a alguém que utiliza o design digital ativa e intencionalmente para comunicar em um ambiente cada vez mais imediatista e repleto de mensagens e escolhas.

NOVAS MÍDIAS

O termo *novas mídias* hoje é empregado para designar uma série de novas tecnologias de comunicação que substituem ou complementam meios tradicionais ou analógicos. Mas, muito mais do que isso, refere-se aos canais de comunicação como uma possibilidade de mudar a forma de sociabilização entre as pessoas e também a forma de consumo de informação e de entretenimento.

Novas tecnologias de comunicação e de informação, ou novas mídias, trazem muitas possibilidades narrativas, sendo viável contar histórias de forma interativa, como nos games, e consumir informação de forma gráfica, por meio de animações e infográficos.

O termo *novas mídias* pode ser intercambiado por *novas tecnologias* ou *mídias digitais*, sendo, na verdade, expressões derivadas que representam diferenças entre os chamados meios de comunicação de massa (as mídias como a televisão, o rádio, o cinema, o jornal e a revista impressa) e os meios eletrônicos, como a internet. As mídias tradicionais ou analógicas possuíam uma base material, física, como um disco de vinil como suporte ao áudio ou uma base em papel para suporte do texto jornalístico e informacional. Da mesma forma, a fotografia e o cinema utilizavam uma película para a fixação da imagem. Nas novas mídias, o suporte praticamente desaparece e temos apenas dados, que podem ser acessados de qualquer lugar, a partir de um computador, smartphone ou tablet.

Observando essas novas formas de consumo, o designer teve de se adaptar e compreender como criar produtos e processos que pudessem se adequar a novas plataformas e novos suportes, agora digitais, bem como conectar seu conhecimento com os novos padrões, para atender às necessidades virtuais. Tais conceitos, que antes não geravam problema, agora devem ser considerados no processo criativo, como barreira digital, convergência, ciberespaço, cultura participativa, interatividade, inteligência coletiva, interface, virtualidade, navegação e ubiquidade.

CONCEITOS PARA AMBIENTES DIGITAIS

1 BARREIRA DIGITAL
A mídia digital precisa superar várias barreiras para ser viável do ponto de vista comercial. Existem muitas plataformas, mas a maioria delas é cara demais, pulverizando a criação de conteúdo e dificultando que todos possam fazer uso delas.

2 CIBERESPAÇO
Espaço onde ocorre comunicação e relacionamento, sem que haja necessidade da presença física das pessoas.

3 INTERATIVIDADE
O que caracteriza a interatividade é a possibilidade, crescente com a evolução dos dispositivos tecnológicos, de transformar os envolvidos na comunicação, simultaneamente, em emissores e receptores da mensagem.

4 INTERFACE
Interface é como ocorre a comunicação entre duas partes distintas, a distância, e que não podem se conectar diretamente. A interface é uma forma de mediação da comunicação homem com homem ou homem com máquina.

5 VIRTUALIDADE
Virtualidade é uma extensão da realidade. Pode ser um símbolo, uma palavra que usamos para indicar uma realidade. Também define ambientes simulados digitalmente nos quais o mundo real é perceptível de alguma forma.

GLOSSÁRIO

CIBERESPAÇO: é um espaço existente no mundo da comunicação em que não é necessária a presença física do homem para constituir a comunicação como fonte de relacionamento.

SAIBA MAIS

A palavra ciberespaço foi utilizada pela primeira vez no livro *Neuromancer*, de William Gibson, publicado em 1984. Se quiser se aprofundar, fica a dica de leitura.

A possibilidade de transformar informações em dados digitais criou condições para o desenvolvimento de uma rede de conexão que conhecemos hoje como internet, originalmente criada para ajudar nas operações militares norte-americanas entre os anos de 1950 e 1960 durante a Guerra Fria, e difundida depois para centros de pesquisa universitários e logo para o público em geral. Nos anos 2000, o uso das redes sociais expande e permite, assim, novas formas de produção de conteúdo, como a produção colaborativa, gerando aos usuários cada vez mais interatividade, participação e possibilidade de produção e consumo de conteúdos. Todo esse contexto levou a uma nova forma de pensar as relações sociais nesses novos meios de interação: em 1996, Pierre Lévy, filósofo, sociólogo e pesquisador em ciência da informação e da comunicação, cunha o termo *cibercultura* para estabelecer o estudo desse novo relacionamento humano. O termo designa a reunião de relações sociais, das produções intelectuais, artísticas e éticas entre os seres humanos em redes interconectadas, o chamado **CIBERESPAÇO**.

PRINCÍPIOS DO DESIGN APLICADOS AOS MEIOS DIGITAIS

Na criação de projetos visuais, selecionamos e combinamos diversos elementos, como formas, cores, texturas, tipografia e imagens. Esses elementos são recursos para todo o tipo de mensagem visual, e buscamos aplicá-los de maneira significativa na comunicação. Assim, precisamos nos pautar em seu estudo e reconhecimento perceptivo universal, amparando-nos de nossa experiência visual, com a qual desde cedo aprendemos a compreender o ambiente e a reagir a ele.

Como já vimos, o design digital se apropria da disposição e do uso desses elementos básicos para compor seus produtos, considerando, entretanto, as particularidades da tecnologia e das interfaces digitais.

Esses elementos visuais são moldáveis, assim, precisamos saber manipulá-los com intencionalidade, criando mensagens claras, que terão forte influência sobre o receptor, agregando significado às nossas opções estéticas.

FORMAS BÁSICAS

Toda forma é descrita por linhas, que por sua vez traduzem energia e determinam trajetória e expressividade.

As formas básicas, como quadrado, círculo e triângulo, possuem características próprias e podem carregar uma grande gama de significados, com os quais contamos para reforçar determinadas percepções em nosso público. Combinadas, elas geram quase todas as estruturas que nos cercam ou, pelo menos, relacionam-se com elas de alguma maneira.

O quadrado é sólido, estático e traz retidão, mas pode ser entendido, em uma composição, como falta de criatividade e monotonia. O círculo denota continuidade e infinitude, por não possuir início ou fim, além de gerar foco para o olhar. Pode associar-se à proteção, completude e perfeição. O triângulo, por sua vez, é uma forma ativa que chama naturalmente a atenção por ser mais dinâmica e complexa para nosso cérebro, exigindo dele maior esforço. Quando apoiada sobre a base, a forma triangular transmite equilíbrio, solidez e durabilidade, mas quando virada ao contrário, pode trazer desequilíbrio iminente. Funciona ainda como grande força direcional, ou seja, pode assumir papel semelhante a uma seta, e não perde sua constituição básica mesmo quando um de seus lados tem o tamanho alterado.

ATIVIDADE >>

Você já se perguntou por que os símbolos utilizados nos controles de áudio e vídeo, independentemente do dispositivo, são constituídos pelas formas básicas? Você consegue relacionar a função de cada um deles com a sua forma determinada?

Botões de *stop*, *play* e *rec*, respectivamente.

COR

A cor está sempre associada a um contexto e interligada a outros elementos gráficos. Há diversas teorias que buscam observar nossas reações a ela, uma vez que sua percepção será sempre relativa. Existem milhares de opções de cores, e as selecionamos, tanto no ambiente digital quanto no mundo físico, com o intuito de reforçar um conceito, frisar uma identidade, destacar informações ou provocar apelo psicológico.

Por meio das escolhas cromáticas criamos contrastes e melhoramos a visualização de determinado conteúdo, damos ou tiramos a ênfase de detalhes, usando também as cores como elementos hierárquicos em uma composição.

A cor possui três dimensões, que podem ser alteradas a fim de criar o efeito visual e as tonalidades desejadas. *Matiz*, a própria cor em si, sua identidade; *saturação*, que diz respeito

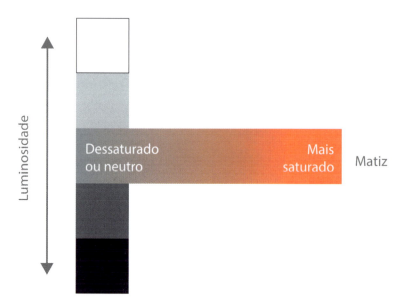

Dimensões da cor: matiz, saturação e luminosidade.

à sua pureza, intensidade ou brilho – ou seja, quanto maior a saturação, mais vibrante será a cor; e *luminosidade*, seu valor referente à claridade, adição de branco ou preto.

Quanto à classificação, várias são as possibilidades. Podemos classificar as cores em relação à sua temperatura: quentes ou frias, ou seja, com maior ou menor incidência de luz, de acordo com a relação entre elas no conhecido círculo de cores proposto por Albert Munsell, pintor e cientista britânico, representado a seguir, no qual conseguimos identificar as cores primárias, secundárias, terciárias, análogas, complementares e combinações de cores tríade; e considerando modelos abstratos, baseados no sistema de cores-luz, síntese aditiva (RGB) e subtrativa (CMYK).

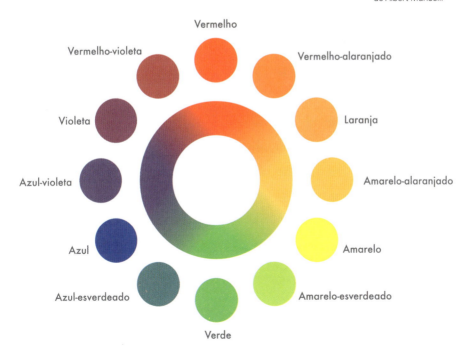

Círculo de cores, baseado na proposta de Albert Munsell.

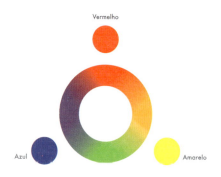

As **cores primárias** não podem ser formadas por nenhuma mistura, são cores puras. A combinação delas dá origem a todas as outras cores.

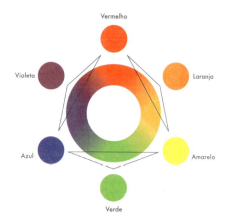

As **cores secundárias** são resultantes da mistura de duas das cores primárias.

As **cores terciárias** são formadas a partir da combinação de uma cor primária com uma cor secundária.

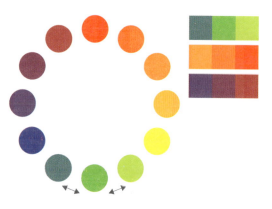

As **cores análogas** aparecem lado a lado no disco cromático.

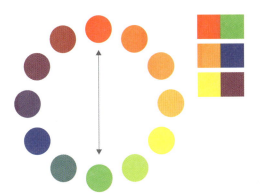 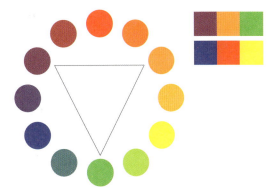

As **cores complementares** são aquelas diametralmente opostas no disco de cores.

A **combinação de cores tríade** é feita a partir de três cores equidistantes no círculo cromático.

Os nossos olhos respondem às três cores primárias da luz, por meio das quais podemos obter todas as outras cores: o vermelho (*red*), o verde (*green*) e o azul (*blue*). Esse sistema, conhecido como síntese aditiva ou RGB, é o mesmo utilizado no ambiente digital. Ele recebe esse nome porque a soma das três cores, em seu valor máximo, resulta no branco.

A partir da mistura dessas três cores obtemos as cores secundárias da luz, que dão origem à base da síntese subtrativa, cuja soma produz uma cor próxima ao preto, representando a ausência de luz refletida. Falamos aqui do ciano, do magenta e do amarelo (CMY).

Quando essas cores são trabalhadas na indústria gráfica a partir da mistura de tintas ou pigmentos,

Síntese aditiva / RGB.

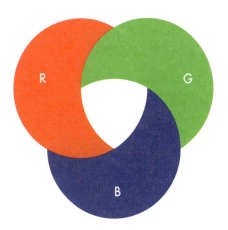

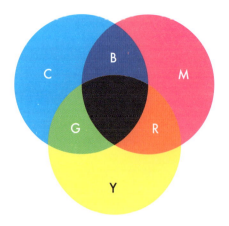
Cores secundárias da luz.

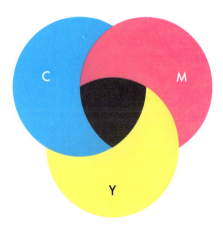
Síntese subtrativa / CMY.

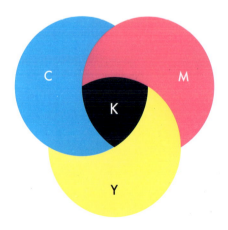
Síntese subtrativa / CMYK
(CMY + adição da *key color*).

manipulamos indiretamente a luz, isto é, as cores que enxergamos são obtidas a partir dos comprimentos de onda por elas refletidos e captados pelos nossos olhos. Como se tratam de pigmentos, sua soma não produz um preto puro. Dessa forma, sentiu-se a necessidade da adição do preto como uma cor chave no sistema (*key color* – K), dando origem ao CMYK.

Compreendida a formação dos sistemas de cor, é importante lembrar que as cores exercem um papel determinante na comunicação visual, devendo ser utilizadas de maneira intencional e objetiva pelos designers, o que não deixa de ser uma máxima verdadeira no ambiente digital. As cores possuem significados simbólicos, que auxiliam na criação de uma atmosfera e influenciam o conteúdo. É necessário ressaltar, entretanto, que seus aspectos psicológicos dependem da cultura e das experiências de cada observador.

As cores também interagem entre si. Sua combinação em uma paleta é essencial em um projeto de design. Podemos utilizá-las para atrair qualidades específicas e criar humor, o espírito do nosso trabalho.

A teoria das cores e suas aplicações não são, portanto, exclusividade de um ou outro meio. No design digital, entretanto, devemos ter uma atenção especial às cores no que diz respeito aos contrastes e às interações cromáticas, tomando cuidado com combinações de cores mais brilhantes, especialmente quando se trata da leitura de textos. As cores nas telas são mais luminosas, o que normalmente dificulta a leitura caso o contraste com o fundo não se mostre suficiente ou seja saturado e intenso demais.

Principais cores e alguns de seus significados

BRANCO
No sistema subtrativo, caracterizado pela ausência de cores; no sistema aditivo, formado pela soma de todas as cores. De maneira geral, o branco sugere pureza, clareza, limpeza e frescor. Pode evocar uma sensação de vazio e infinito, trazendo simplicidade, luz, paz e harmonia, além de ser associado a higiene, ambientes insípidos e neutralidade.

PRETO
No sistema subtrativo, em teoria, é formado pela soma de todas as cores; no aditivo, pela ausência delas. O preto pode representar silêncio e morte, denotando pessimismo, tristeza e dor. Em outros contextos, confere nobreza, elegância e distinção às composições.

VERMELHO
Traz força e dinamismo. Sendo uma cor essencialmente quente, transborda vida e agitação, chamando a atenção para si nas mais diversas situações. Confere energia e é associado a fogo, perigo, fome, guerra, fúria, paixão, desejo.

LARANJA
Irradia expansão, sendo associada à criatividade e à comunicação. É acolhedora, quente e íntima, remetendo a outono, pôr do sol, movimento, festividade.

AMARELO
Quente e luminoso, costuma impor-se, seja sozinho ou em conjunto com outras cores. Pode significar alegria, atenção, felicidade, vida ou angústia.

VERDE
Universalmente ligado à natureza, traz frescor, calma, equilíbrio e harmonia. Quando mais amarelado, sugere força ativa. Transmite a sensação de bem-estar, tranquilidade, juventude e saúde.

AZUL
Cor profunda, evoca calma e introspecção. Carrega maior seriedade e maturidade, especialmente quando em tons mais escuros. Quando mais claro, remete a higiene e frescor. É associado a frio, céu, mar, tranquilidade, paz, infinitude, credibilidade, tristeza e melancolia.

ROXO
Comumente associado à meditação e ao misticismo, confere um ar de sonho e magia. Pode ser vinculado à nobreza e ao poder, denotar profundidade, relacionar-se a doença ou morte, egoísmo e mistério.

SAIBA MAIS

Como leitura complementar sobre cores, sugerimos a leitura do livro *O guia completo da cor*, de Tom Fraser e Adam Banks (2007).

Quer saber mais sobre linguagem e comunicação visual? Leia *Sintaxe da linguagem visual*, de Donis A. Dondis, e *Design e comunicação visual*, de Bruno Munari.

ATIVIDADE >>

Você conhece o filme de animação vencedor do Oscar de 2016, *Divertida mente (Inside out)*, da Disney Pixar? Pensando no significado e uso intencional das cores e das formas, analise alguns de seus principais personagens: Raiva, Tristeza, Alegria, Nojinho e Medo. O que você achou? Você também os representaria com os mesmos elementos: formas e cores?

ATIVIDADES >>

1. Como podemos diferenciar, em uma composição, uma laranja, uma bola de madeira, uma bola de tênis, um novelo, uma maçã e a lua? Esses objetos possuem formas arredondadas e, sem o emprego das texturas na representação visual, dificilmente conseguiríamos distingui-los em um desenho. Experimente recordar ou observar as características e texturas desses objetos e desenhá-los lado a lado (atividade baseada em uma sugestão de Bruno Munari no livro *Design e comunicação visual*).

2. Crie uma textura, utilizando o software de sua preferência. Agora experimente diversas paletas de cores distintas para visualizar os efeitos da interação cromática. Consegue perceber como as cores podem influenciar na percepção das texturas?

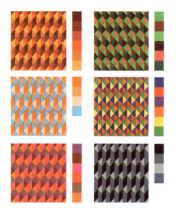

A mesma textura pode ser percebida de maneiras distintas, de acordo com a paleta de cores aplicada em cada caso.

TEXTURA

Quando falamos em textura, o que vem à sua cabeça? Uma sensação tátil? Para a comunicação visual e o design digital, podemos entendê-la como um elemento visual que nos ajuda a compreender a natureza das coisas, ao qual atribuímos a qualidade tátil de variação das superfícies do mundo real ou ainda a apresentação de padrões visuais mais abstratos, que podem funcionar como metáforas. Imagine que você está criando uma interface para o site de uma empresa de tratamentos estéticos: o uso de uma padronagem delicada de flores, por exemplo, poderia trazer uma sensação de conforto; em contrapartida, o desenho de uma grade poderia funcionar como metáfora para prisão.

Por meio do uso das texturas, podemos causar, de forma visual, a impressão de aspereza ou suavidade, rugosidade ou lisura, entre outros, ressaltando os aspectos físicos de um ambiente ou objeto real na sua representação em outras mídias, a fim de estimular mais sentidos e reforçar um conceito, sensibilizando os espectadores.

No design digital trabalhamos com telas, priorizando o sentido da visão. Temos a oportunidade de aliar à experiência do usuário a aplicação de sons, adicionando o sentido da audição aos nossos projetos. Logo, por que não fazer uso também dos princípios do design para agregar ainda mais valor às informações, com o emprego de texturas e padrões visuais? Essa opção tem por objetivo atrair o interesse e atribuir mais qualidade às composições, obviamente quando o projeto necessitar de tal recurso visual.

Pense, por exemplo, nos filmes de animação. Para dar veracidade aos objetos, personagens e cenários e construir uma atmosfera, utilizamos as texturas, trazendo uma certa experiência tátil ao produto audiovisual.

TIPOGRAFIA

A escolha tipográfica tem um papel determinante em qualquer projeto de design. Ela diz respeito à forma das letras, seus usos e composições. Independentemente de qual seja a **FONTE** utilizada, há no seu desenho pontos comuns de referência. O mesmo acontece com cada um dos **CARACTERES**, que tem alguns detalhes exclusivos ao mesmo tempo em que guarda semelhanças com os demais de sua **FAMÍLIA TIPOGRÁFICA**.

Compreender as partes que constituem uma letra facilita a escolha e o reconhecimento de uma fonte, revelando sua personalidade.

GLOSSÁRIO

FONTE: conjunto de caracteres de uma mesma família tipográfica cujo desenho segue um padrão básico de construção.

CARACTERE: cada um dos símbolos utilizados em texto, incluindo espaços (letras, números, sinais de pontuação, etc.).

FAMÍLIA TIPOGRÁFICA: conjunto formado por uma fonte e suas variações (regular, bold, itálico, entre outras). Alfabeto completo em um único padrão.

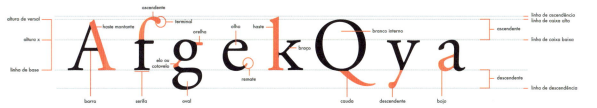

Morfologia dos caracteres.
Fonte Garamond Pro.

Com a computação gráfica e o desenvolvimento tecnológico, os designers têm à disposição uma variedade quase ilimitada de possibilidades de acesso, produção e alteração do design de fontes. Os caracteres podem ser regulares, itálicos, negritos, condensados, entre outros, e ter os mais diversos tamanhos. Podem ser romanos, ou seja, conter serifas; ou modernos, sem serifas. Podem pertencer a fontes manuscritas, decorativas ou dingbats, mas cabe a nós a decisão de qual

SAIBA MAIS

Para se aprofundar no universo da tipografia, sugerimos a leitura de *Pensar com tipos*, de Ellen Lupton, e *Elementos do estilo tipográfico*, de Robert Bringhurst.

família se adequa melhor ao nosso projeto e de como ela pode ser utilizada de maneira a atingir nosso objetivo – que pode ser ou não a leitura clara de um conteúdo.

Regular *Itálico* **Negrito** Condensado

Tipos de caracteres.
Fonte Futura, corpo 24 pt.

Meu estilo é romano.

Estilo romano.
Fonte Times New Roman, corpo 24 pt.

Deixei a serifa de lado...

Estilo moderno.
Fonte Helvetica, corpo 24 pt.

Como se fosse escrito à mão.

Estilo manuscrito.
Fonte Zapfino, corpo 24 pt.

SOU ESPECIAL!

Estilo decorativo.
Fonte Homestead Display, corpo 24 pt.

Quando trabalhamos com tipografia, podemos ter o intuito de emitir uma mensagem por meio do texto ou podemos utilizá-la de maneira igualmente interessante como imagem, dispondo os caracteres de forma criativa para a composição de ilustrações que transmitam mensagens de maneira atraente pelo visual do conjunto, e não necessariamente pelo sentido das palavras escritas. Entretanto, quando o objetivo da comunicação for a transmissão fluente de um conteúdo escrito, o texto deve observar padrões de legibilidade que garantam uma leitura regular e fácil.

A decisão sobre a fonte mais adequada para determinado projeto depende do julgamento visual quanto ao ritmo que imprime na mancha de texto e à compreensão de sua finalidade, harmonizando objetivo, mensagem do texto e forma tipográfica, considerando, ainda, seu contexto e suporte de leitura.

Para a maior parte dos trabalhos, costumamos optar por uma quantidade mínima de famílias tipográficas que podemos manipular nos softwares gráficos, a fim de extrair suas melhores possibilidades expressivas. Podemos trabalhar com caracteres em caixa alta ou baixa; testar seu tamanho em busca da melhor legibilidade e hierarquia, de acordo com seu fim; variar o espaçamento entre as linhas do texto; configurá-lo em colunas, já que a largura da linha afeta a leiturabilidade; alterar seu alinhamento; o espaço entre as palavras e até entre os caracteres (*tracking*), que não pode ser pequeno a ponto de se sobreporem e nem tão grande a ponto de afetar o reconhecimento das palavras. Se utilizarmos uma fonte confiável, o espaçamento padrão entre os caracteres já deve ter sido foco de atenção para seu desenvolvedor que, entre outros cálculos, provavelmente cuidou do que chamamos de *kerning*, um ajuste fino entre os espaços de dois caracteres, a fim de conferir equilíbrio e boa legibilidade. Portanto, nem sempre o espaço entre os caracteres é o mesmo, variando de acordo

> **SAIBA MAIS**
>
> Para compreender melhor o *kerning* e sua função, recomendamos o jogo on-line *Kern me*, em que o jogador tem como missão encontrar o melhor espaçamento entre os caracteres. Disponível em: https://type.method.ac/.

GLOSSÁRIO

PIXEL: unidade mínima de informação visual no espaço digital.

com sua combinação. Nesses casos, podemos manter o que já foi previamente calculado para garantia do conforto visual, a menos que seja uma escolha gráfica.

Sendo a tela nossa principal superfície de trabalho, devemos estudar suas características intrínsecas. Formada por uma malha com número restrito de **PIXELS**, a tela exige, no geral, um corpo de texto maior do que o utilizado para impressão, com fontes de design mais limpo, geralmente sem a presença de serifas e com formas mais abertas e amplas, que facilitam a leitura e conferem uma aparência uniforme. Existem, entretanto, fontes serifadas desenhadas especialmente para tela, e uma grande gama de famílias otimizadas para esse suporte está cada vez mais presente no dia a dia. Outro ponto de grande relevância diz respeito à relação entre a cor do texto e a do fundo, pois os fundos escuros podem favorecer a luminosidade dos tipos, causando uma leitura cansativa e prejudicando a leiturabilidade do texto.

IMAGEM

A seleção de imagens é tão importante em um projeto de design quanto a seleção dos demais elementos. Ela deve ser cuidadosamente escolhida e aplicada, pois geralmente influi muito no impacto visual da peça como um todo. Cada aspecto da imagem deve contribuir para a mensagem que queremos transmitir, ou seja, a imagem nunca deve ser tratada como um adorno para ocupar espaços vazios. Suas cores, escala, elementos e recorte visual precisam estar de acordo com a composição e com o significado do conteúdo textual, agregando valor informativo ou esclarecendo pontos de interesse da comunicação.

Temos inúmeras possibilidades de imagem: fotografias, ilustrações, ícones, símbolos, pinturas, desenhos, montagens, colagens, mapas, diagramas e até composições tipográficas que funcionam como conteúdo ilustrativo. No geral, elas ajudam a atrair a atenção e envolver o público, criando uma conexão mais intensa, que faz com que os conceitos sejam expressos de maneira mais sensorial, apelativa e assertiva.

Com a possibilidade do controle digital de imagens e com os softwares de criação e edição, temos nas mãos possibilidades quase infinitas para manipulação criativa da imagem, sendo um ponto indispensável ao nosso dia a dia de trabalho. As imagens digitais, ou seja, aquelas representadas nos meios eletrônicos, podem ser obtidas por meio da fotografia, da digitalização de um documento físico ou pela criação direta em um software, podendo ser divididas em duas categorias, de acordo com seus aspectos construtivos: imagens bitmap e imagens vetoriais.

As imagens bitmap são formadas por um mapa de pixels, ou seja, são como uma grade de pequenos quadradinhos que carregam informações de cor para sua construção. Por isso, são totalmente dependentes da resolução: a quantidade de pixels com que ela foi criada e é armazenada em formato digital. Quanto maior for a resolução, melhor será sua definição, sua qualidade visual ou fidelidade. Entretanto, o peso dos arquivos será também proporcional, exigindo mais espaço de armazenamento e **MEMÓRIA RAM** para manipulação. A resolução de uma imagem é calculada em DPI (*dots per inch* ou pontos por **POLEGADA**), quando se refere a documentos impressos, pois as imagens impressas são constituídas por pontos de tinta; e PPI (pixels per inch ou pixels por polegada) quando se refere a uma imagem na tela, sempre formada por pixels. Entretanto, no mercado é comum as pessoas se referirem erradamente à resolução de imagens sempre em DPI, independentemente do caso.

GLOSSÁRIO

MEMÓRIA RAM: a memória RAM (*Random Access Memory* ou Memória de Acesso Aleatório) é um tipo de tecnologia presente nos dispositivos que permite o acesso aos arquivos armazenados no computador. Diferentemente da memória do HD, a RAM não armazena conteúdos permanentemente. Assim, é a responsável pela leitura dos conteúdos quando requeridos, ou seja, pode ser entendida como um espaço virtual temporário de trabalho.

POLEGADA: unidade de medida de comprimento que equivale a 2,54 cm.

Esse tipo de imagem compreende as imagens fotográficas e as ilustrações que possuem tons contínuos de cor. Como sua estrutura é formada por uma grade organizada de pixels, quando ampliada, revela grandes quadrados que diminuem a qualidade da visualização e sua semelhança com a realidade. Ao menos que uma imagem possa ser totalmente recriada em resolução maior, ela não pode ser ampliada sem prejuízo à sua qualidade visual.

Para o design digital e seus produtos, a resolução de imagens mais comum é de 72 ppi, o que significa que são compostas por 72 pixels de largura por 72 pixels de altura. Nessa resolução, a qualidade das imagens é relativamente boa nos dispositivos atuais. Para imagens cuja finalidade seja a impressão, costumamos trabalhar com 300 dpi, pois quanto mais pontos de impressão tivermos por polegada de imagem, melhor será a sua percepção visual.

As imagens vetoriais, por sua vez, são compostas por linhas, ângulos e formas geométricas geradas por cálculos matemáticos. Assim, elas trazem a vantagem de ser independentes em relação à resolução, podendo ser ampliadas e reduzidas a qualquer tempo, sem que sejam perdidos os seus detalhes e a sua definição. Além disso, seu tamanho de armazenamento é muito menor.

Os vetores são compostos por linhas e preenchimentos e são muito utilizados para a confecção de logos e ilustrações baseadas em formas, sem a intenção de produzir imagens com realismo fotográfico.

Compreender os tipos de imagens e suas características confere ao profissional maior segurança e discernimento na hora de escolher e trabalhar com esses elementos, auxiliando na fundamentação das mensagens e tornando-as mais acessíveis e integrais.

Enquanto a **imagem bitmap** é constituída por um mapa de pixels, dependente da resolução, a **imagem vetoria**l é formada por cálculos matemáticos, podendo ser redimensionada sem que sua qualidade seja prejudicada.

BITMAP   VETOR

Formatos de arquivo para imagens digitais

Utilizamos imagens digitais em diversos processos, como nos produtos voltados ao design digital e à multimídia: em um site, em animações digitais, em produções 3D, em webgames e em mídias sociais. Para todas essas aplicações, há a necessidade de encontrar a imagem correta e também de selecionar o tipo de arquivo que melhor se aplica a cada solução.

Os formatos de arquivo têm a principal função de compactar as imagens, sendo algoritmos que armazenam suas informações. Vamos conhecer alguns dos principais a seguir:

JPEG (Joint Photographic Expert Group) – Este padrão, que surgiu em 1983, é um dos mais populares para uso na internet, isso porque esse tipo de arquivo tem tamanho (espaço em disco que utiliza para armazenamento) reduzido quando comparado a outros formatos, facilitando o seu armazenamento e a sua distribuição. Ele comprime os dados, podendo ter sua qualidade controlada. É interessante ressaltar que é um formato que aceita milhões de cores, mas não aceita transparência.

GIF (GRAPHICS INTERCHANGE FORMAT) – Criado em 1987, foi projetado pela CompuServe para computadores de 8 bits. Sua função era a visualização em velocidades de conexão por modem *dial-up* (discado). É um arquivo leve (ocupa pouco espaço de armazenamento) e é aplicado na internet para que as páginas fiquem mais enxutas. Pode também gerar imagens com movimento, os famosos gifs animados, que invadiram as mídias sociais. É recomendado para quem precisa utilizar uma grande quantidade de imagens em um site ou blog na internet, porém esse formato trabalha com cores de uma maneira pouco assertiva, já que só abrange um esquema de 256 cores (8 bits), apesar de compreender transparência. Assim, seu uso não é comum para fotografias, mas sim para ilustrações com cores mais sólidas, sem gradações de tonalidade.

PNG (PORTABLE NETWORK GRAPHICS) – Surgiu em 1996 e apresenta características como fundo transparente e compressão sem perda de qualidade, suportando mais cores do que arquivos GIF. O PNG suporta milhões de cores, por isso é uma ótima opção para fotos com transparência na internet.

BITMAP – É um formato histórico que surgiu com o sistema operacional Windows para dar suporte ao seu aspecto mais amigável. Imagens BMP podem variar de preto e branco (1 bit por pixel) a até 24 bits de cores (16,7 milhões de cores). Podem suportar milhões de cores e preservam os detalhes, porém deixam os arquivos extremamente grandes (armazenamento em disco), pois não utilizam compressão.

SVG (SCALABLE VECTOR GRAPHICS) – É um arquivo de imagens vetoriais desenvolvido pela **W3C** em 2001. De formato aberto, ele usa linguagem XML para descrever o arquivo, em vez de ser baseado em pixels. Compreende imagens estáticas e animadas. Sendo vetoriais, as imagens nesse formato podem ser ampliadas ou reduzidas, sem causar perda de qualidade, tendo por isso aumentado sua popularidade de uso em sites adaptáveis às diversas resoluções de visualização. Também suporta efeitos de transparência.

TIFF (TAGGED IMAGE FILE FORMAT) – Arquivo de imagens bitmap de alta qualidade que utiliza compressão sem perdas, é bastante utilizado para arquivos destinados à impressão. Oferece ótima qualidade de imagem, mas gera arquivos bastante pesados, ou seja, não otimizados para os produtos digitais. Permite o uso de camadas e também suporta transparência.

EPS (ENCAPSULATED POSTSCRIPT) – Formato de imagem utilizado especialmente para armazenar conteúdo vetorial, funciona muito bem como arquivo de exportação, sendo ainda lido e aceito pelos softwares de manipulação de vetores mais utilizados no mercado. Não é um tipo de arquivo final utilizado no design digital, sendo comum no design gráfico, pois possui em sua estrutura instruções para impressão do arquivo.

PDF (PORTABLE DOCUMENT FORMAT) – Formato multiuso muito comum na indústria gráfica, o formato PDF é independente de plataforma e suporta diversos tipos de conteúdos, como textos e imagens em alta qualidade, sem perder a formatação do layout, podendo ser visualizado e impresso a partir de qualquer aplicativo capaz de lê-lo.

GLOSSÁRIO

W3C (WORLD WIDE WEB CONSORTIUM): segundo a descrição disponibilizada pelo próprio órgão em seu site, a W3C é um "Consórcio internacional em que organizações filiadas, uma equipe em tempo integral e o público trabalham juntos para desenvolver padrões para a web. Liderado pelo inventor da web Tim Berners-Lee e o CEO Jeffrey Jaffe, o W3C tem como missão conduzir a World Wide Web para que atinja todo o seu potencial, desenvolvendo protocolos e diretrizes que garantam seu crescimento de longo prazo." Para mais informações e consultas, acesse o site do escritório no Brasil: http://www.w3c.br.

Funciona como arquivo final entregue em gráficas para impressão e, hoje em dia, em uma outra versão conhecida como *PDF interativo*, que permite a navegação por hyperlinks dentro e fora do documento, que compreende o uso e controle de arquivos de vídeo, som e imagens incorporados, funcionando como uma interface interativa para produtos de design digital.

HIERARQUIA

A hierarquia visual trabalha a organização de um conteúdo dentro do espaço limitado da superfície de um projeto, ordenando as informações e facilitando o acesso a elas, de acordo com o nível de importância determinado pelo designer.

Diversos recursos podem ser utilizados com o intuito de agrupar informações semelhantes e dar destaque a elementos principais. Tal atividade geralmente inclui a manipulação tipográfica com a variação entre o tamanho e o peso dos caracteres, cor e alinhamento, criando uma categorização visual; a presença de elementos do design, como linhas ou fios que dividem os espaços, guiam o olhar e estabelecem um ritmo de visualização e leitura de conteúdos; e o trabalho com cores e seus contrastes.

A ideia é criar para o usuário uma ordem de leitura baseada no nível de importância de cada parte do conteúdo e no agrupamento de assuntos semelhantes, formando unidades de informação que consideram um todo, atraindo o foco de sua atenção e conduzindo-o pelo projeto.

Para que se tenha uma boa experiência nos meios digitais, é preciso projetar com enfoque nos desafios estruturais e hierárquicos que trabalham não apenas com uma interface estática com o usuário, mas que preveem sua interação e acessos muitas vezes não lineares aos conteúdos. No design digital interativo, geralmente o usuário detém o poder de escolha: ele determina a ordem pela qual deseja acessar as informações. Assim, mesmo com a criação de menus de navegação e uma boa formatação e posicionamento de elementos na tela, não temos o controle absoluto sobre a ordem e a forma de acesso aos conteúdos, mas devemos tornar as informações claras e fazer com que o usuário não se perca pelo caminho em sua navegação. Nossas decisões hierárquicas vão afetar a acessibilidade e a usabilidade de produtos digitais, tópico que merece atenção e será discutido com mais detalhes posteriormente.

GRID

Para muitos designers, grid pode ser um assunto incômodo, pois alguns acreditam que ele poda a criatividade, ditando regras rígidas. Entretanto, sabendo usá-lo e entendendo sua real função, ele torna-se um grande aliado para criação de interfaces equilibradas, que, ao contrário do que se possa pensar, garantem ritmo e fluidez em produtos tanto para o ambiente gráfico quanto para o digital.

Um grid nada mais é do que um conjunto de linhas que visa criar uma relação de alinhamento no espaço, funcionando como um guia para distribuição de informações gráficas e textuais. Cada problema de design é diferente e pede soluções distintas quanto à sua forma, de acordo com as exigências do conteúdo que será trabalhado. Assim, os grids podem variar bastante, dos mais simples aos mais complexos, segundo cada especificidade.

Em projetos com mais de uma página ou tela, por exemplo, além de contribuir para a disposição das informações, o

SAIBA MAIS

Para conhecer mais sobre o grid, suas especificidades e usos, recomendamos a leitura de *Grid: construção e desconstrução*, de Timothy Samara.

grid ajuda a manter a identidade do todo, garantindo a mesma linguagem e unidade visual lógica de distribuição.

Assim, para o trabalho com grids, precisamos primeiro avaliar que tipo de estrutura conseguirá atender às características do projeto, considerando os objetivos, produtos, quantidades de imagens, textos e outros conteúdos, como vídeos, tabelas e gráficos. Independentemente das necessidades específicas do trabalho, o grid quase invariavelmente será uma estrutura de linhas dispostas vertical e horizontalmente no plano, com distâncias correlatas e predeterminadas, respeitando margens e pressupondo uma ordem visual. Entretanto, podemos encontrar grids mais angulosos e até mesmo com formatos circulares, dependendo do que se espera do projeto visual.

Saber trabalhar com o grid implica compreender que ele serve ao conteúdo, e não o contrário. Assim, seus espaços predeterminados podem ser combinados e até subvertidos conforme a necessidade, trazendo dinâmica à composição também no design digital e suas interfaces.

DEFINIÇÃO DE PROBLEMAS E FERRAMENTAS PARA A BUSCA DE SOLUÇÕES: PROJETANDO PARA O AMBIENTE DIGITAL

BRIEFING,
PROCESSO CRIATIVO,
DESIGN THINKING,
BRAINSTORMING,
MOOD BOARD,
MIND MAP

O design evoluiu e expandiu seus horizontes de atuação nos últimos anos. Em parte porque o uso das novas mídias se intensificou e está presente na vida das pessoas mais do que nunca, exigindo profissionais que se encarreguem do projeto de soluções para as novas plataformas. Até alguns anos atrás, o design era considerado por muitos, de maneira simplista, como a área responsável pelo desenvolvimento de peças com a preocupação estética das coisas, estando longe do processo de planejamento. Porém, na atualidade, o design tem retomado sua devida importância e significado, tornando-se uma abordagem estratégica para a definição de problemas, de geração de ideias e de busca por soluções para problemas complexos centrados no usuário, de diversas naturezas e nas mais variadas plataformas.

GLOSSÁRIO

GESTALT: é uma teoria que estuda a compreensão e a interpretação da visão humana e verifica como percebemos os elementos visualmente. Como nosso cérebro utiliza parâmetros de leitura visual para interpretar imagens, ao vermos uma composição de objetos, pessoas, paisagens, animais ou textos, a tendência é ler essas formas de maneira agrupada, tentando relacionar as características semelhantes para que sua interpretação seja mais rápida. Assim, no contexto da gestalt, *o todo é maior ou diferente da soma de suas partes*, ou seja, a percepção acontece na relação entre os objetos observados, não de maneira isolada.

ERGONOMIA VISUAL: determina e estuda os parâmetros de legibilidade e leiturabilidade da informação visual.

SAIBA MAIS

Para saber mais, recomendamos a leitura do livro *Gestalt do objeto: sistema de leitura visual da forma*, de João Gomes Filho.

O processo criativo do designer na busca de soluções leva em conta uma série de processos e elementos que fazem parte da **GESTALT** e da **ERGONOMIA VISUAL**; porém, para pôr em prática esses conceitos, é necessário, antes, ter passado por um processo de descoberta e delineamento de métodos para atender às necessidades do projeto que será executado e delinear suas formas. Esses métodos são comuns ao design como um todo, sendo, portanto, também aplicados ao design digital.

LEVANTAMENTO DE INFORMAÇÕES: BRIEFING

A palavra *briefing* vem do idioma inglês, do verbo *to brief*, que significa resumir, fazer a apresentação sumária de algo. O briefing é um documento que determina as informações necessárias para que um projeto seja realizado de maneira assertiva, ou seja, a partir dele podemos criar estratégias direcionadas. Ele deve conter as particularidades do cliente envolvido, dados disponibilizados que, no decorrer da produção, vão se transformar em uma solução criativa para problemas complexos ou para alcançar objetivos desejados.

Em linhas gerais, um briefing deve conter informações a respeito de um produto, do mercado, do consumidor, da empresa, dos concorrentes e os objetivos de comunicação, entre outros aspectos relevantes à solução desejada. Existe uma enorme variedade de produtos de design, o que nos faz perceber que não existe um único tipo de briefing ou uma fórmula para a criação de um documento perfeito, pois cada um deve conter um conjunto de informações que seja relevante de acordo com as características daquele projeto específico. Entretanto, alguns tópicos comuns devem ser considerados na elaboração de um briefing, como veremos a seguir.

CLIENTE

- NOME DO CLIENTE/EMPRESA.
- TAMANHO DA EMPRESA. QUAL A QUANTIDADE DE FUNCIONÁRIOS?
- NOME DO PRODUTO/SERVIÇO A SER CRIADO OU COMUNICADO.
- TIPO DE PROJETO — BRANDING; INSTITUCIONAL; SITE; UX/UI; BANNERS; WEBGAMES; ENTRE OUTROS.
- COMO O PRODUTO/SERVIÇO SERÁ FEITO?
- QUAL A UTILIDADE DO PRODUTO/SERVIÇO? QUAIS AS SUAS FORMAS DE USO E DE CONSUMO?
- QUAIS AS MATÉRIAS-PRIMAS UTILIZADAS?
- QUAL A IMAGEM DO PRODUTO/SERVIÇO NO MERCADO?
- QUAIS AS PRINCIPAIS CARACTERÍSTICAS QUE DIFERENCIAM O PRODUTO/SERVIÇO EM RELAÇÃO À CONCORRÊNCIA?
- QUAIS OS PRINCIPAIS PONTOS POSITIVOS E NEGATIVOS DESSE PRODUTO/SERVIÇO?
- SOFRE INFLUÊNCIAS AMBIENTAIS OU CULTURAIS?

MERCADO

- QUAL A PARTICIPAÇÃO FINANCEIRA DO PRODUTO NESSE MERCADO?
- COMO É O MERCADO? QUAL É A SAZONALIDADE?
- QUAL É O PÚBLICO-ALVO?

PÚBLICO

- QUAL É O SEU FOCO? QUAL A FAIXA ETÁRIA; SEXO; CLASSE SOCIAL E OCUPAÇÃO PROFISSIONAL DE SEUS CONSUMIDORES?
- O QUE INFLUENCIA A COMPRA OU O CONSUMO?

CONCORRÊNCIA

- QUAIS OS PRINCIPAIS CONCORRENTES DIRETOS?
- QUAIS OS PONTOS POSITIVOS E NEGATIVOS DOS PRODUTOS/SERVIÇOS CONCORRENTES?
- QUAIS AS PRINCIPAIS COMUNICAÇÕES DOS CONCORRENTES COM O PÚBLICO?

OBJETIVOS

- QUE NECESSIDADES O PRODUTO/SERVIÇO VAI SATISFAZER?
- QUAIS SÃO OS OBJETIVOS E VISÃO DO PROJETO?
- POR QUE ESSE PROJETO SE TORNOU NECESSÁRIO? O QUE MUDOU?
- O QUE SERÁ COMUNICADO?
- QUAIS SÃO OS RESULTADOS ESPERADOS?
- QUEM ASSUME AS RESPONSABILIDADES POR CADA ETAPA DO PROJETO?

INFORMAÇÕES EXTRAS, ORÇAMENTO E CRONOGRAMA

- EXISTE ALGUMA SOLICITAÇÃO ESPECÍFICA PARA O PROJETO?
- HÁ ALGUMA CONDIÇÃO/RESTRIÇÃO QUE INFLUENCIE O PROJETO?
- ESPECIFIQUE EXATAMENTE AS PEÇAS E QUANTIDADES, O TEMPO E O LOCAL DE VEICULAÇÃO, BEM COMO A NECESSIDADE DE MANUTENÇÃO.
- QUAL A VERBA DISPONÍVEL PARA O PROJETO?
- QUAL O PRAZO DE ENTREGA?

GLOSSÁRIO

MOOD BOARD: é um painel de referências para representar o conceito visual do seu projeto. Ele permite que você distribua suas ideias, exemplificando cores, texturas, formas e estilos, além de ser um referencial de imagens e textos. Ou seja, a partir dele conseguirmos apreender o "humor" do projeto. O mood board pode ser feito por meio de uma coleção em uma simples pasta no computador, com recortes agrupados em um painel físico ou mesmo utilizando ferramentas on-line como o **Pinterest**, uma rede social em que o usuário determina seus interesses para visualizar imagens relacionadas ao tema, podendo agrupar e partilhar essas imagens e vídeos em diferentes murais ou painéis, de acordo com seus gostos ou necessidades. É possível, por exemplo, que o usuário crie um painel específico para cada projeto que está desenvolvendo, configurando seu mood board. Para saber mais, acesse: www.pinterest.com.

PROCESSO CRIATIVO

O processo criativo pode ser delineado de várias formas. Existem etapas, mas isso é muito particular de cada grupo de trabalho e do tipo de projeto que será desenvolvido. Alguns preferem realizar um coletivo de ideias antes de partir para a pesquisa de referências, e, muitas vezes, quando o trabalho é desenvolvido individualmente, algumas etapas são retiradas do processo ou acrescentadas.

O design thinking caracteriza-se como um processo de desenvolvimento de soluções que utiliza modelos mentais distintos em relação ao assunto a ser tratado, por meio de uma abordagem prática que acelera a inovação e soluciona problemas por meio de um olhar centrado nas necessidades do público, de forma mais empática. O design thinking oferece um espaço para as ideias emergirem sem prejulgamentos, sem estereótipos e lugares-comuns, fazendo com que o nosso cérebro seja forçado a sair da sua zona de conforto e, a partir daí, enxergar resultados relevantes e criativos.

As vantagens na utilização desses processos de trabalho são inúmeras. Dentre elas, podemos elencar: o incentivo a uma postura proativa na solução de problemas, utilizando o pensamento criativo e sustentável; a abertura de espaço para inovação; a inteligência coletiva e o olhar crítico dos envolvidos no processo, fomentando a colaboração entre áreas diversas, o que torna a equipe mais engajada e acelera o processo de produção, tangibilizando o projeto e seu progresso.

O processo envolve basicamente três etapas: a empatia, a colaboração e a experimentação, podendo ser aplicado por meio de diversas estratégias.

BRAINSTORMING

Após a aprovação do briefing, é o momento de desenvolver as ideias com o grupo de criativos envolvidos no projeto. Brainstorming, ou tempestade de ideias, é um processo que visa elencar possíveis relações e soluções com base no briefing, no conhecimento inicial e nas experiências de todos os participantes, permitindo que sejam anotadas todas as ideias e informações apresentadas sem filtro, para que não sejam eliminadas quaisquer possibilidades. Por mais estranhas que as ideias possam parecer a princípio, trata-se de um aquecimento importante para que o grupo trace uma única rota. Geralmente, um conceito de criação e comunicação será gerado a partir dos objetivos estipulados nesse momento.

PESQUISA E REFERÊNCIAS VISUAIS

Nesse momento a equipe vai buscar um referencial mais denso em relação às informações do cliente e seus produtos, levantando imagens que os representem e demonstrem os conceitos visuais que devem ser trabalhados durante o projeto. Normalmente, a partir dessa pesquisa é criado um painel com palavras-chave e imagens relevantes, o qual chamamos de **MOOD BOARD** ou painel semântico, que pode relacionar, também, referências de navegação e layouts que sirvam de inspiração e que condensem visualmente o resultado almejado.

SAIBA MAIS

Para aprofundar-se sobre o tema e processos de design thinking, recomendamos a leitura de *Value proposition design – como construir propostas de valor inovadoras*, de Alex Osterwalder, Yves Pigneur, Greg Bernarda e Alan Smith, e *Intuição, ação, criação: graphic design thinking*, de Ellen Lupton.

ATIVIDADE >>

Pesquise na internet outros modelos de **CANVAS** que podem ajudar no desenvolvimento do design thinking.

GLOSSÁRIO

CANVAS: esquema visual que possibilita às pessoas cocriarem projetos, ideias e processos, utilizando modelos simplificados de preenchimento, que estimulam e direcionam o pensamento investigativo e criativo.

> **SAIBA MAIS**
>
> Você pode utilizar softwares on-line ou aplicativos gratuitos para montar seu mind map. Acesse uma das opções a seguir e comece a fazer o seu.
> https://app.mindmapmaker.org
> https://www.xmind.net/
> https://coggle.it/

MAPA MENTAL

O mapa mental, ou *mind map*, é uma ferramenta desenvolvida para auxiliar na organização das ideias em um projeto, mas também é utilizada para memorizar, relacionar ou analisar um determinado conteúdo. Seu formato facilita a administração da informação e permite criar uma organização visual importante no processo criativo, seja na área do design, seja em qualquer outra área.

Sua estrutura foi idealizada para ordenar as informações de maneira harmônica com os nossos processos cognitivos,

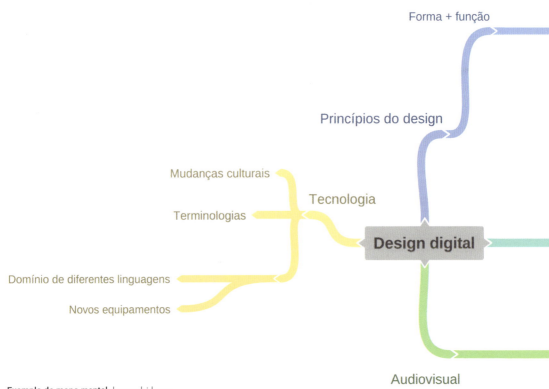

Exemplo de mapa mental desenvolvido na versão gratuita da aplicação on-line Coggle. Disponível em: https://coggle.it/.

ou seja, o mapa mental apresenta os conteúdos da mesma forma como eles são compreendidos pelo cérebro, estimulando a criação das sinapses, o que torna a forma de aprender e lembrar mais intuitiva e fácil. O mapa mental pode ser estruturado utilizando imagens, ícones, textos e formas, para facilitar a compreensão e a relação entre elementos do seu projeto. Pode ser feito à mão, utilizando colagens ou com o auxílio de ferramentas digitais, como softwares gráficos, sites e aplicativos. Geralmente, utilizamos nossos conhecimentos prévios sobre determinado assunto para levantar a maior quantidade de informação possível, organizando os dados em subitens nos quais cada um se enquadra.

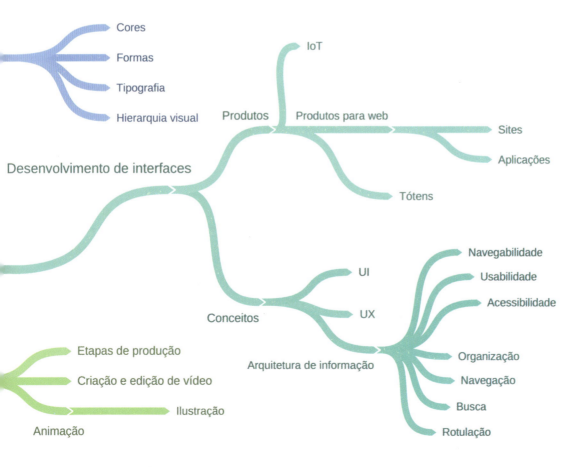

INTERFACES INTERATIVAS E ARQUITETURA DE INFORMAÇÃO

INTERFACE,
INTERNET,
WEB,
ORGANIZAÇÃO,
ROTULAÇÃO,
BUSCA,
EXPERIÊNCIA DO USUÁRIO (UX),
INTERFACE COM O USUÁRIO (UI),
ACESSIBILIDADE,
USABILIDADE,
NAVEGABILIDADE

Interfaces interativas abrangem tudo aquilo que é perceptível em uma plataforma digital, levando o usuário a uma ação ou interação, sendo, portanto, o meio pelo qual ele se comunica com os produtos digitais. Parte importante do trabalho do designer nesses ambientes, o desenvolvimento de interfaces compreende um conhecimento amplo, em busca de soluções que simplifiquem a comunicação dos softwares, aplicações e sites com seus usuários finais, promovendo uma interação amigável, agradável e intuitiva, visando atingir objetivos com o mínimo esforço.

A organização dos conteúdos e o desenvolvimento de elementos gráficos claros, que indiquem ao usuário o que deve ser feito em um ambiente com o qual ele não está familiarizado mas onde necessita executar tarefas para que seus objetivos sejam atendidos, pressupõem a criação e o uso de convenções. Isso ocorre porque a gama de produtos digitais com os quais precisamos interagir no dia a dia aumenta exponencialmente, em virtude da evolução tecnológica e da mudança de paradigmas da sociedade atual, que demanda soluções mais rápidas e práticas. Além disso, o universo de informações com o qual temos contato precisa estar e parecer organizado, para que possa ser acessado com qualidade nos meios em que a oferta é grande, como na internet, nos quais a atenção do usuário é dividida e o tempo parece cada vez mais escasso.

A revolução causada pela chegada e pelo desenvolvimento da internet é incontestável, sendo hoje praticamente impossível imaginarmos a realização de diversas tarefas cotidianas sem utilizá-la. Como toda novidade, a internet chegou sem regras definidas de design ou comunicação, sendo construída gradativamente por seus usuários, à medida que a tecnologia era desenvolvida e esse novo universo popularizado, em grande medida pelo uso de sua principal ferramenta de acesso, a World Wide Web (www) ou web, como é popularmente conhecida. Criada por Tim Berners-Lee em 1990, a web promove, por meio do protocolo **HTTP**, a transferência de arquivos com o uso dos navegadores ou *browsers*, permitindo nosso acesso aos sites, que nada mais são do que arquivos hospedados em outros computadores espalhados pelo mundo.

O desenvolvimento da internet e seu reconhecimento como uma grande plataforma que suporta diversos tipos de conteúdo, com funções que vão desde a produção e distribuição de informação e trocas de mensagens até a realização de compras e serviços on-line, passaram por avanços ligados à tecnologia

---

GLOSSÁRIO

HTTP: abreviação de Hypertext Transfer Protocol, ou seja, um protocolo de computador para transferência de dados pela internet.

e especialmente ao comportamento dos usuários nesse meio, ditando seus novos usos e fazendo com que ela passasse de uma rede de computadores interligados para uma rede sincronizada de pessoas. Os usuários deixaram de ser apenas coadjuvantes e consumidores de um conteúdo produzido por especialistas e grandes empresas e passaram a ser protagonistas, assumindo o controle, gerando e definindo o consumo de informação, de todos os lugares e a qualquer tempo, graças à mobilidade permitida pelos últimos dispositivos móveis de comunicação, alterando os paradigmas e rompendo os limites entre relacionamento, entretenimento e informação.

A interatividade da internet permite que os usuários escolham as informações que consideram relevantes e que as marcas, que já não podem mais se abster da participação nessa plataforma, mantenham contato com seus clientes por meio de uma comunicação de mão dupla, em que os consumidores também expõem e compartilham suas opiniões e necessidades, promovendo uma alteração no que até então acontecia no mercado de consumo.

Assim, os designers que atuam nas plataformas digitais contam com diversas ferramentas e recursos para expandir a experiência de um usuário cada vez mais exigente na internet, que tem à disposição uma grande oferta de sites e aplicações para solucionar seus problemas, gerar e manter relacionamentos, entreter-se, contratar e realizar serviços.

Os ambientes digitais, fazendo ou não uso da internet, pressupõem, portanto, grandes e rápidas transformações, sendo necessário estar sempre atento às tecnologias emergentes, reconhecendo suas possibilidades e abrangência, a fim de pensar soluções criativas e atuais para os usuários, com foco em suas necessidades e expectativas, e superando-as, sempre que possível. Precisamos entender o problema, reconhecer os objetivos de cada projeto, estudar nosso público e então utilizar os princípios do design para o desenvolvimento de propostas atraentes e que comuniquem de maneira mais efetiva, considerando o nível de interação necessário em cada caso e os tipos de interface que suportarão nosso projeto, bem como suas características técnicas.

FLUXO E ORGANIZAÇÃO DE CONTEÚDO: ARQUITETURA DE INFORMAÇÃO

Quando trabalhamos em um projeto digital, precisamos organizar uma gama de conteúdos para que os usuários possam acessar as informações que procuram de forma clara, sucinta e bem organizada, ou seja, precisamos trabalhar a arquitetura de informação do nosso produto, captando os dados complexos e desorganizados que compõem esse conteúdo e transformando-os em algo simples, fácil e agradável para que nosso usuário interaja, encontre o que busca, compreenda e consuma essas informações, execute suas tarefas e, se possível, também se divirta.

A arquitetura de informação trabalha o design estrutural de ambientes que preveem o compartilhamento de informações, nos ensinando que para um bom projeto precisamos sempre considerar para quem o estamos desenvolvendo – quem é o usuário, qual é o conteúdo que vamos abordar e qual é o problema que pretendemos resolver dentro do contexto apresentado, tendo como foco quatro pilares: *organização, navegação, rotulação* e *busca*.

ORGANIZAÇÃO

A organização do conteúdo determina seu agrupamento e categorização, considerando regras para classificação e ordenação das informações que serão apresentadas ao usuário, como data, ordem alfabética, cores, entre outros, a fim de auxiliá-lo a encontrar facilmente um determinado conteúdo de seu interesse. A categorização das informações ocorre pelo agrupamento por semelhança, usando sistemas exatos, como o alfabeto, o tempo cronológico, a localização e a sequência, por exemplo, ou esquemas ambíguos, como assunto, público--alvo, metáforas, etc.; o que pode não ser uma tarefa muito fácil, visto que, por natureza, a linguagem humana é imprecisa e cada um traz consigo experiências distintas, podendo acarretar em mais de um resultado lógico para um mesmo dado.

Em um e-commerce, por exemplo, se procurarmos por um celular, ele deverá estar na seção de eletrônicos, de eletroportáteis ou de tecnologia? Em suma, as três formas de organização estariam corretas, mas qual delas seria a mais óbvia e, portanto, a primeira escolha do meu usuário? Esse é o desafio: enquanto organizamos um conteúdo, precisamos nos colocar no lugar do usuário e conhecer sua forma de pensar, o que pode ser feito por meio de ferramentas como o briefing, apresentado no capítulo "Definição de problemas e ferramentas para a busca de soluções: projetando para o ambiente digital", e os testes de usabilidade.

GLOSSÁRIO

BREADCRUMB: tipo de navegação auxiliar em um sistema de navegação com conteúdo mais denso e com mais níveis de hierarquia, oferecendo ao usuário uma "trilha de migalhas" para que ele possa rastrear o caminho que percorreu através dos hiperlinks, proporcionando-lhe uma visão geral que pode reduzir a possibilidade de erros. Geralmente, trata-se de uma sequência simples de links dispostos horizontalmente e que indicam o rastro da navegação em um site ou aplicação web, bastante comum em sites de compras.

🏠 > Planos > Assinar > Cadastro

Exemplo de navegação por **breadcrumbs**.

SIGNO: segundo a semiótica, ciência que estuda a construção do significado, signo é qualquer coisa que represente outra, sob diferentes formas e manifestações. Por exemplo, o desenho de uma borboleta, a foto de uma borboleta ou a própria palavra borboleta são signos desse inseto.

SAIBA MAIS

Para se aprofundar no tema e nas recomendações para criação de um bom sistema de navegação, leia *Web navigation: designing the user experience*, de Jennifer Fleming.

NAVEGAÇÃO

A *navegação*, por sua vez, visa detalhar os caminhos pelos quais o usuário poderá navegar no projeto, considerando uma sequência lógica e intuitiva para distribuição das informações e de seus hiperlinks, garantindo a manutenção do contexto e a flexibilidade de movimentação pelo espaço informacional. Uma boa navegação precisa responder e indicar ao usuário onde ele está, de onde veio e para onde pode seguir (Nielsen, 2000), por meio de instrumentos que facilitem e suportem esse deslocamento, como menus e ícones autoexplicativos, presença de títulos nas páginas, identificação clara de links e oferta de campo de busca, por exemplo.

Ou seja, quando projetamos uma interface que demanda interação, como um site, é necessário criar um sistema de navegação que consiga determinar pontos de referência para quem o utiliza, gerando uma sinalização capaz de orientar o usuário em seu caminho, que seja consistente e fácil de se aprender; além disso, ele deve ser eficiente, oferecendo alternativas com o menor número de cliques possível, por meio de uma linguagem e visual claros. Para tanto, podemos contar com elementos comuns às aplicações, especialmente aos sites, como a presença do logotipo nas páginas; a disponibilidade permanente da barra de navegação ou menu; a presença de **BREADCRUMBS** para sites com um conteúdo mais extenso e, portanto, com mais níveis hierárquicos e um passo a passo para facilitar o aprendizado de um processo específico; entre outras ações que facilitam a localização e a locomoção dos usuários pelo produto e seus hiperlinks.

ROTULAÇÃO

Por *rotulação* compreendemos a definição das formas de representação e apresentação das informações e **SIGNOS** capazes de estabelecer um melhor entendimento ao usuário, minimizando o risco de ambiguidades. Podemos fazer isso por meio da escolha de palavras claras e objetivas para os links, da utilização de ícones, do aproveitamento das convenções e da reprodução de signos de determinados elementos informativos amplamente utilizados em projetos semelhantes, como setas, ícone de lupa para a representação de campo de busca, entre outros, sendo o objetivo do rótulo comunicar um conceito de maneira eficiente.

A dificuldade de projetar um bom sistema de rotulação está no fato de que precisamos falar a linguagem do usuário, ou seja, conhecer bem o seu universo, com suas gírias, expressões e convenções gráficas. Como isso nem sempre é simples, procure se atentar aos sistemas de projetos semelhantes, como sites de concorrentes ou com conteúdos correlatos, observando os rótulos mais comumente usados com o público-alvo em questão.

BUSCA

A *busca* é o componente relacionado às perguntas que o usuário pode fazer enquanto navega por nosso produto e às respostas que ele pode obter. Sua função é implementar um mecanismo de busca para complementar o sistema de navegação em ambientes com grande volume de informações, ou seja, com vários níveis de complexidade. Nesses casos, a navegação fica mais rápida e dinâmica, permitindo que o usuário chegue ao resultado com maior rapidez. Podemos oferecer modos diferenciados de busca, como opções para uma busca avançada, por exemplo, analisando e disponibilizando ao usuário o maior número de possibilidades para sua pesquisa, simplificando o refinamento dos resultados e permitindo que ele chegue ao seu objetivo da maneira mais fácil.

ATIVIDADES >>

1. Imagine que você está criando rótulos para definição do menu de navegação do site de uma empresa. Um desses links trará, como conteúdo, uma lista das vagas de emprego disponíveis. Você usaria quais palavras ou termos para representar e rotular esse conteúdo? Vagas de emprego? Trabalhe conosco? Faça parte da equipe? Carreira? Outro? Para este caso, caberia um ícone? Refletir sobre esses pequenos problemas trará uma boa noção da importância de conhecermos nosso usuário-padrão para estabelecermos uma comunicação mais assertiva, a partir da escolha consciente de rótulos.

2. Selecione um site na internet que você considera que possa ser melhorado com base em uma nova organização de conteúdo, pensando nos quatro pilares da arquitetura de informação. Quais melhorias poderiam ser propostas, considerando a organização do conteúdo e os sistemas de navegação, rotulação e busca? Não se esqueça de considerar o público-alvo.

SAIBA MAIS

Para se aprofundar nesse assunto, recomendamos a leitura de *Information architecture for the World Wide Web*, de Peter Morville e Louis Rosenfeld.

GLOSSÁRIO

HIPERTEXTO: texto codificado em linguagem **HTML**, que fornece um link para outro ponto ou página em uma navegação na internet.

HTML: abreviação de Hypertext Markup Language, uma linguagem de marcação de **HIPERTEXTO** utilizada para a criação de documentos com conteúdo de texto, imagem, som, vídeo e hiperlink.

EXPERIÊNCIA DO USUÁRIO (UX)

Como podemos notar, a arquitetura de informação compreende uma gama de conceitos que têm por base melhorar a experiência do usuário enquanto ele interage com um produto através de uma interface. O conceito de experiência do usuário ou *user experience* (UX) vem ganhando destaque na área de design digital, com o surgimento de novas tecnologias e suas novas plataformas de interação, mas abrange também aspectos abstratos, que envolvem o contato e a troca de informações com determinada marca, produto ou serviço.

A interface gráfica é a representação visual de um sistema, ou seja, aquilo que pode ser experienciado pelo usuário durante a interação com dispositivos físicos ou digitais. Dada a sua importância, foi criada mais uma especialização do design, o user interface design (UI) ou design de interfaces com o usuário, compondo o design de experiência. A função do designer de interfaces compreende o projeto de telas, textos, imagens e botões, entre outros recursos que visam melhorar a experiência do usuário em contato com um sistema, físico ou digital, facilitando a sua navegação. Sua função é, portanto, tornar a relação entre interfaces e usuários mais simples e orgânica, sendo papel do profissional que atua nessa área compreender as expectativas e as necessidades do usuário, para poder satisfazê-lo.

Tendo em vista a amplitude do conceito de experiência do usuário, precisamos considerar pontos que vão muito além da interface de um produto, englobando, por exemplo, questões de relacionamento com a marca. Pense em um *e-commerce*. A experiência do usuário nesse caso vai considerar desde sua navegação e empatia com a interface gráfica do site (UI) até o pós-venda realizado pela marca, passando pela forma de entrega do produto adquirido, sua embalagem e apresentação, canais de atendimento disponibilizados, agilidade no serviço prestado, qualidade do produto adquirido e valores afetivos, entre outros.

USABILIDADE, ACESSIBILIDADE E NAVEGABILIDADE

Quando nos debruçamos sobre projetos de interfaces, especialmente quando sua finalidade for a web, devemos considerar que estamos em uma plataforma onde existem inúmeras distrações e os usuários procuram executar diversas tarefas simultâneas, tentando fazê-las da forma mais rápida. Sendo assim, a arquitetura de informação e as formas de garantir a esse usuário uma boa experiência de navegação no nosso produto são primordiais para a criação de soluções de design que atendam às expectativas e que sejam objetivas e prazerosas.

Nesse contexto de navegação, em que cada dúvida aumenta o nosso trabalho e pode tirar o foco dos nossos objetivos e até nos confundir, três outros termos são bastante conhecidos e merecem ser abordados: *acessibilidade*, *usabilidade* e *navegabilidade*. É interessante observarmos, entretanto, que todos os conceitos tratados neste capítulo estão correlacionados, sendo de difícil dissociação. Buscamos abordar os termos mais comuns para situá-lo acerca do que se pode encontrar no mercado de trabalho e em estudos mais aprofundados, sendo alguns significados bastante semelhantes e complementares, mas trazendo sempre a importância do usuário como protagonista em qualquer projeto de design digital, em especial

SAIBA MAIS

Para mais informações sobre acessibilidade, leia a cartilha disponibilizada pelo escritório da W3C no Brasil em seu site: http://www.w3c.br/pub/Materiais/PublicacoesW3C/cartilha-w3cbr-acessibilidade-web-fasciculo-I.html.

para web, visando a criação de sites mais acessíveis, como discutiremos a seguir.

Sabemos que a internet é uma enorme plataforma com um incontável número de sites com possibilidades, funções e informações distintas, mas abertos a todos que tenham acesso. Dessa forma, precisamos nos preocupar com a produção de conteúdos de qualidade que estejam acessíveis a todos, como prega a comunidade que desenvolve os padrões para a criação de sites para web, a W3C.

A *acessibilidade* visa garantir o acesso ao conteúdo dos sites ao maior número de pessoas possível, preocupando-se com sua funcionalidade para os usuários, independentemente de suas características físico-motoras, sociais ou culturais, por meio do uso correto das tecnologias existentes e da universalização dos padrões de desenvolvimento e melhores práticas. Isso não significa, de forma alguma, que os sites não tenham seu público-alvo definido e seu projeto centrado em suas expectativas, mas busca despertar nos profissionais de design digital que atuam na web uma consciência de boas práticas para que os sites possam ser acessados, por exemplo, por pessoas que possuem alguma deficiência visual ou motora, ou não estejam familiarizados ao ambiente digital.

A *usabilidade*, por sua vez, chama a atenção ao bom funcionamento das coisas, sendo físicas ou digitais. No mundo das interfaces baseadas na relação dos usuários com os dispositivos computacionais, podemos encontrar ainda o termo *design centrado no usuário*. Devemos nos ater, independentemente do termo empregado, ao fato de que o sucesso de produtos interativos, entre eles os websites, está totalmente vinculado à qualidade da experiência de uso de sua interface. Sendo assim, mais uma vez falamos de experiência do usuário, em que as práticas para uma boa arquitetura de informação, capazes de fazer com que sistemas de grande grau de complexidade pareçam simples, são indispensáveis para garantir que o usuário tenha boa relação com um site ou um aplicativo, em um ambiente de navegação simples e intuitiva, que permita o retorno facilitado dos resultados no menor número de cliques.

Em geral, não gostamos de descobrir como fazer alguma coisa ou realizar uma determinada tarefa; preferimos que a interface apresentada seja clara o suficiente para parecer óbvia, conceito atrelado aos princípios de criação de uma boa navegação. Quando você adquire um novo produto, por exemplo, você gosta de ler atentamente seu manual de instruções ou prefere que sua interface seja autoexplicativa, isto é, seu uso pareça intuitivo? Geralmente, queremos apenas atingir nosso objetivo, sem que um esforço desnecessário nos faça perder tempo e energia.

Hoje, os usuários permanecem cada vez menos tempo acessando a mesma interface digital, principalmente na web. Por isso precisamos deixar as informações mais relevantes disponíveis em uma rápida passada de olhos, construindo uma hierarquia visual clara e consistente, assegurando fácil compreensão e minimizando problemas. Para garantir, portanto, uma boa *usabilidade* às interfaces digitais, trabalhamos os conceitos de design aplicados ao ambiente e fazemos uso de convenções.

Você pode estar se perguntando por que faria isso se você quer, na verdade, que o usuário explore seu site e permaneça navegando em suas páginas o maior tempo possível. A resposta é simples: existem diversas outras opções de sites e aplicações à disposição, e, ao fazer com que o usuário tenha mais dificuldade para atingir seu objetivo, menor confiança ele terá em relação à marca, ao produto ou ao serviço apresentado.

> ### SAIBA MAIS
>
> Para se aprofundar nesse tópico, recomendamos a leitura do livro *Design centrado no usuário: um guia para o desenvolvimento de aplicativos amigáveis*, de Travis Lowdermilk.

> ### ATIVIDADE >>
>
> Escolha dois ou três sites do mesmo segmento – por exemplo, esportes. Determine uma tarefa simples, como encontrar o nome do time feminino de futebol campeão do torneio nacional na temporada passada. Navegue pelos sites observando em qual deles a interface e a navegação se mostraram mais amigáveis e por que você teve tal percepção. Você encontrou a informação que buscava? Em qual deles você a encontrou mais rapidamente? Quantos cliques foram necessários em cada caso? Você proporia melhorias? Para essa atividade, não use sites de busca ou ferramentas externas aos sites em questão; atente-se aos sistemas de navegação por eles propostos.

SAIBA MAIS

Não me faça pensar: uma abordagem de bom senso à usabilidade na web, de Steve Krug, traz de maneira leve e objetiva os conceitos trabalhados neste capítulo.

Isso pode fazer com que ele abandone nosso projeto, por exemplo, gerando uma reação inversa àquela que esperávamos.

A *navegabilidade* resgata, mais uma vez, um pilar da arquitetura de informação, destacando a importância da criação de sistemas de navegação que simplifiquem o acesso às informações disponíveis em um produto, facilitando sua localização e permitindo que o usuário se desloque de maneira lógica e intuitiva. Segundo tal conceito, devemos dar opções que descompliquem o processo de navegação em nossas aplicações, mas sem que isso gere conflito e faça com que o usuário se perca em um emaranhado de caminhos.

DESIGN PARA INTERNET

PROJETO,
CARD SORTING,
FLUXOGRAMA,
WIREFRAME,
PROTOTIPAGEM,
TIPOS DE SITE,
DESIGN RESPONSIVO,
MOBILE FIRST

Cada projeto para internet tem suas próprias demandas, a fim de entender detalhadamente o problema abordado para melhor definição de seu escopo e compreensão do público-alvo. Não devemos nos esquecer de que continuamos a falar sobre interfaces interativas, ou seja, que todas as questões relativas à arquitetura de informação e experiência do usuário devem ser consideradas. O design para internet foi aqui destacado por conta da importância do meio e do volume de projetos e possibilidades existentes na plataforma, o que causa maior curiosidade e a necessidade de um olhar mais atento.

GLOSSÁRIO

HEURÍSTICA: espécie de atalho mental que ignora parte das informações, baseado em um comportamento mais automatizado, intuitivo e inconsciente, com o objetivo de tornar as escolhas mais fáceis e rápidas, simplificando as avaliações. No ambiente web, especialmente considerando o contexto da experiência do usuário, uma análise heurística visa uma avaliação prática e barata de uma interface, geralmente sendo feita por um profissional de UX que procurará determinar o que pode não estar funcionando bem em um sistema.

SAIBA MAIS

Para saber mais sobre as heurísticas aplicadas à web, leia o método proposto por Rolf Molich e Jakob Nielsen em 1990, no artigo *Heuristic evaluation of user interfaces* e conheça as dez heurísticas de usabilidade propostas por Nielsen, em 1995, para o design de interfaces interativas no artigo *10 usability heuristics for user interface design*, que serve como guia para análise da usabilidade de um sistema.

Por meio de métodos científicos, **HEURÍSTICAS**, dados analíticos, pesquisas com o usuário e processos para fundamentação de projetos, procuramos conhecer tudo o que está relacionado a um problema específico, buscando informações que possam ser úteis para compreender as necessidades e os comportamentos do usuário, assim como os objetivos e expectativas da empresa para a qual o produto será desenvolvido. Só então estaremos aptos para encontrar a melhor solução, considerando a internet ou qualquer outra plataforma digital.

Como abordado no capítulo "Definição de problemas e ferramentas para a busca de soluções: projetando para o ambiente digital", a criação do briefing marca o início do processo de design, o que também se aplica aos produtos para internet, compilando todo o levantamento das informações necessárias para a criação da aplicação, desde seus objetivos até dados relevantes sobre o problema, a empresa, o produto e os concorrentes, até os prazos, valores e responsabilidades estimados.

Como cada tipo de problema vai demandar uma solução diferente, é interessante conhecer algumas das possibilidades de produtos para internet. Podemos elencar, para web, a criação de diversos tipos de sites, que variam de acordo com seus objetivos e tipos de conteúdo trabalhados.

Os portais são sites que se destacam como centros aglomeradores de conteúdo, necessitando, portanto, de uma estruturação e organização muito precisas para que as informações não se percam e possam ser acessadas da melhor maneira, enquanto os sites institucionais ou corporativos, cujo maior objetivo é marcar a presença da empresa na internet, trazem informações de sua estrutura, história, serviços ou produtos oferecidos, contato, entre outras informações. Os portfólios pessoais são utilizados para a apresentação de habilidades e projetos desenvolvidos por um profissional em uma determinada área de atuação, trazendo também informações para que ele possa ser contatado por empresas ou pessoas físicas para a realização de trabalhos profissionais de sua expertise. Os blogs são recomendados para postagem dos mais variados tipos de assunto, de maneira prática e com maior constância, sendo cada vez mais especializados e constantemente atualizados por seus autores, que já fazem disso uma profissão. Os hotsites, por sua vez, destacam-se por possuir menor volume de conteúdo e costumam ser vinculados a uma campanha de marketing, com público-alvo mais específico e com duração predeterminada na web, sendo utilizados para a apresentação de novos produtos ou serviços, promoções ou em campanhas sazonais. Os e-commerces, sites focados na venda on-line de produtos ou serviços, são hoje bastante comuns, assim como as redes sociais, os sites de relacionamento e os sites voltados à exibição de conteúdos audiovisuais, como filmes e vídeos.

Ainda podemos considerar, para internet, a criação de outros tipos de soluções, como os aplicativos mobile com diversas finalidades, os jogos, os conteúdos para TV digital e outros objetos (**INTERNET DAS COISAS – IoT**), vídeos interativos, **PLUGINS**, entre outros.

Com a definição da melhor solução a ser desenvolvida e de acordo com o levantamento de informações e pesquisas realizadas, passamos para o processo de arquitetura de informação, categorizando o conteúdo, definindo rótulos e pensando os sistemas de navegação. A aplicação ou não de todos os métodos aqui delineados dependerá do tipo de projeto e dos profissionais envolvidos na criação e desenvolvimento do produto, podendo variar de caso a caso.

Para auxiliar nesse processo, existem ferramentas que fornecem ao designer um panorama da compreensão do usuário acerca da organização de determinadas informações em sua mente, com base em suas experiências e ambientação. O *card sorting* é uma técnica que se utiliza da distribuição de cartões com determinados rótulos e conteúdos, para que o próprio usuário faça as correspondências que considera lógicas,

GLOSSÁRIO

INTERNET DAS COISAS (IoT): diz respeito à comunicação entre diversos tipos de aparelhos e objetos via internet, a fim de que compartilhem dados e consigam executar determinadas tarefas. Para tanto, sensores e dispositivos são vinculados a um sistema computacional, que analisa os dados enviados e gerencia as ações de cada objeto, permitindo que os aparelhos realizem algumas ações e otimizem diversos processos. A IoT pode ser aplicada em diversos setores, como a indústria, ou mesmo no dia a dia, facilitando o cotidiano das pessoas. Você provavelmente usa ou pelo menos já ouviu falar das pulseiras inteligentes, capazes de medir os batimentos cardíacos e registrar os movimentos realizados pelo usuário para que ele tenha mais informações sobre sua saúde. Isso é possível porque a pulseira se comunica com um aplicativo vinculado ao smartphone do usuário, que analisa os dados recebidos e avalia seu desempenho em determinada atividade física. Esse é apenas um dos exemplos que demonstra a proximidade da IoT com nossas vidas e sua iminente popularização.

PLUGIN: programa, ferramenta ou extensão usada em paralelo a outro programa principal, adicionando-lhe recursos ou mais funções. Normalmente, tende a ser mais leve e de fácil instalação e manipulação.

SAIBA MAIS

Para conhecer mais acerca da IoT e suas aplicações, recomendamos a leitura de *Introdução à IoT: desvendando a internet das coisas,* de Sandro Santos.

agrupando-os e categorizando-os. A aplicação desse método é bastante simples e pode evitar erros futuros, aproximando a distribuição do conteúdo e escolhas de rotulação da linguagem do público-alvo.

Aplicação de **card sorting**.

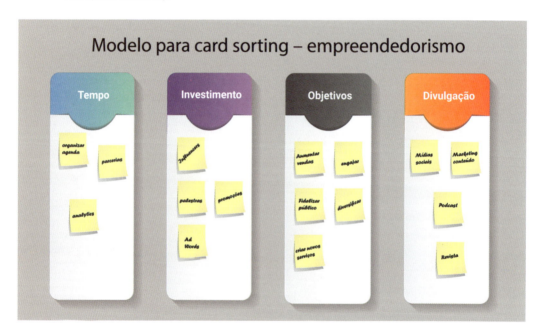

Com a distribuição do conteúdo e a escolha dos rótulos determinadas, partimos para o desenvolvimento do fluxo da navegação do nosso site, ou seja, por meio da criação de um *fluxograma* de navegação podemos representar, de maneira visual, a definição dos caminhos a serem percorridos pelos usuários até cada uma das informações disponíveis. Essa etapa pode ser bastante importante para que sejam captados erros ainda no planejamento, guiando a equipe nas fases seguintes e facilitando, para o cliente, a visualização do todo.

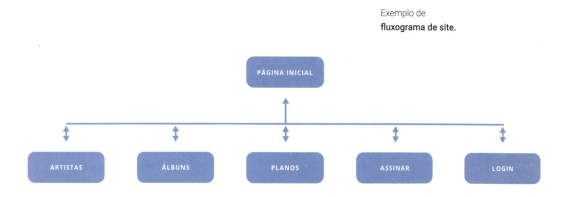

Exemplo de **fluxograma de site**.

Definida a navegação geral do projeto, é necessário pensar na organização e localização dos conteúdos na interface, considerando todos os elementos visuais que comporão cada um dos layouts. Geralmente, essa etapa é realizada com a construção de *wireframes*, estruturas que funcionarão como os primeiros guias visuais para a continuidade do projeto. Assim, a hierarquia das informações no espaço disponível é essencial para delinear a importância de cada tópico e o agrupamento de temas semelhantes, além de guiar o usuário na sua busca por informações e navegação pelo projeto, conforme abordado na introdução deste livro. Nessa fase, entretanto, ainda não precisamos nos preocupar com o acabamento da interface, considerando paleta de cores, tipografia, imagens, vídeos ou animações finais; o importante é trabalhar a organização visual de peso e posicionamento dos elementos no espaço. Às vezes, de acordo com a demanda do projeto, não são feitos os *wireframes* de todas as páginas, mas apenas das páginas principais cujos layouts sofrem mudanças significativas, a fim de que sirvam como base para a criação final das interfaces subsequentes do projeto.

Quando falamos em hierarquia de uma interface para web, precisamos nos atentar aos tamanhos e resoluções das telas com as quais os usuários acessarão o nosso projeto, em uma era em que diversos aparelhos, com as mais variadas dimensões e características, permitem o acesso aos conteúdos disponíveis na internet. Esse é um assunto delicado, em que não cabem padrões definitivos, visto que a evolução tecnológica e o surgimento de novos dispositivos e telas é latente e muda constantemente os paradigmas de navegação e, portanto, de desenvolvimento para web. O que podemos afirmar é que a mobilidade é um fator que precisa ser considerado cada vez mais, o que implica a criação de layouts adaptáveis, que atendam aos tipos de navegação e acesso disponíveis nos aparelhos mais comuns na atualidade. Isso compreende a grande variedade de smart TVs, computadores desktop ou notebooks, tablets e smartphones, que, muito além da função de um aparelho celular para telefonia, concentram hoje uma infinidade de funções, entre elas o acesso à internet e suas aplicações, como os sites. Assim, para o desenvolvimento de aplicativos exclusivos para cada aparelho, os formatos são mais padronizados, devendo-se concentrar maior atenção aos conteúdos disponíveis para acesso via web, como os sites, que permeiam os diversos dispositivos.

Um conceito bastante disseminado nesse contexto é o *design responsivo*. Abordado pela primeira vez em 2010 pelo desenvolvedor Ethan Marcotte, ele trata da importância de criarmos interfaces web que atendam às necessidades dos usuários nas diversas plataformas, preocupados com a qualidade de sua experiência em quaisquer dispositivos e tamanhos. Sendo assim, podemos dizer que design responsivo é um conceito de otimização estrutural de sites, que visa sua adaptação à variedade de telas e dispositivos, oferecendo ao usuário as mesmas informações relevantes e qualidade de navegação, independentemente do aparelho pelo qual acessa a web.

Atualmente, ao desenvolvermos sites, é indispensável recorrermos ao design responsivo, tratando a experiência do usuário como foco em cada uma das situações de acesso. Para aplicar esse conceito, é importante adotar padrões web definidos pela W3C para a construção de sites mais acessíveis e com a semântica de codificação correta, atendendo às necessidades de cada formato e permitindo sua adaptação de modo mais efetivo nos diversos navegadores existentes. A implementação de grids fluidos para a criação dos layouts, ou seja, que permitam a adequação dos elementos em diversas proporções de tela, também pode ser uma boa estratégia, cuidando sempre da legibilidade dos textos e da avaliação das melhores escolhas em relação aos menus e botões em cada cenário, bem como da eliminação de conteúdos desnecessários. Nesse sentido, muitos profissionais têm preferido focar primeiro o desenvolvimento de interfaces para dispositivos móveis, nos quais o tamanho das telas é reduzido e já nos induz a trabalhar apenas com informações essenciais. Além disso, pesquisas apontam que o acesso à web por esse tipo de aparelho vem crescendo, sendo a forma de acesso preferida pela maioria dos usuários. Essa técnica para o desenvolvimento de telas se traduz no conceito de *mobile first*, cunhado nos anos de 2009 e 2010 por Luke Wroblewski, em seu blog.

A forma pela qual o usuário acessa os elementos de navegação é a melhor conselheira para suas escolhas visuais de tamanho e espaçamento. Em computadores, o acesso é normalmente feito via teclado – especialmente quando consideramos usuários com deficiência visual ou mobilidade reduzida, com o auxílio da seta controlada pelo mouse ou via trackpad; em smart TVs, via aplicativos no celular ou controle remoto, o que permite, em ambos os aparelhos, a interação com itens

> **SAIBA MAIS**
>
> Para saber mais sobre as ideias de Ethan Marcotte acerca do design responsivo, leia o artigo *Responsive web design*, escrito em 2010 para o blog A List Apart. Para se aprofundar no conceito de mobile first, recomendamos a leitura do livro *Mobile first*, de Luke Wroblewski.

menores. Já no caso de tablets, smartphones e outras telas acessíveis pelo toque dos dedos, os elementos precisam estar em maior tamanho para uma melhor experiência e eficácia da navegação, prezando pelo conforto da usabilidade.

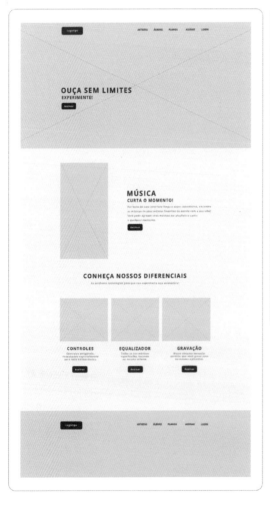

Exemplos de wireframe para site, considerando medidas para acesso via desktop, tablet e smartphone. *Wireframes* na página anterior e *wireframes* com aplicação de grid abaixo.

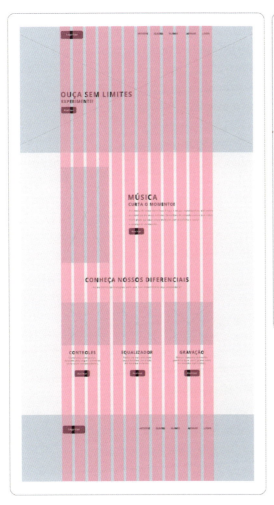

ELEMENTOS DO DESIGN PARA WEB

Como sabemos, um bom projeto de design deve aliar sua forma à função. Assim, com a criação dos *wireframes* finalizamos a fase de planejamento do nosso produto para internet, podendo, enfim, partir para a produção, dando início ao desenvolvimento do visual das nossas interfaces. Aqui, devemos considerar os princípios do design aplicados ao ambiente digital, explicados na introdução deste livro, que visam reforçar a mensagem que será passada com o produto por meio de escolhas conscientes, que corroborem com o tema e seus objetivos. Entretanto, o design para web possui algumas particularidades relacionadas à sua construção e tecnologias disponíveis, que influenciam na escolha das cores e tipografia, nos formatos de arquivo das imagens e no emprego das formas e dimensões dos elementos de interação para cada dispositivo de acesso, público-alvo e tipo de projeto.

As interfaces para web contam com sistemas dinâmicos de navegação, que dependem basicamente de cliques e rolagens na tela, e o visual das páginas pode ter seu comportamento afetado pelas escolhas do usuário, como o navegador utilizado, o dispositivo de acesso e até mesmo pelos diferentes tipos de tela, que produzirão cores e percepções de conteúdo, como brilho e nitidez, distintas.

De maneira geral, as pessoas direcionam o olhar para as páginas web da mesma forma que analisam uma página impressa, em busca de palavras-chave ou pontos de atenção, como imagens, por exemplo. Enquanto designers, podemos interferir nesse processo trabalhando com a hierarquia dos elementos e destacando os pontos que desejamos que saltem aos olhos do usuário, despertando seu interesse. Nosso padrão de leitura ocidental reforça a tendência de que nossos olhos comecem sua exploração visual pelo canto superior esquerdo da tela, onde, por tal motivo, normalmente posiciona-se o logotipo do projeto, varrendo então rapidamente o topo da página para seguir para a linha de baixo, ou serem atraídos por algo relevante no restante do conteúdo.

Em um projeto interativo, a totalidade do conteúdo não estará disponível em um nível primário de informação, dependendo do rolamento da página pelo usuário ou de seu acesso por meio de hiperlinks. Por essa razão, precisamos maximizar o impacto das informações na primeira porção da tela, tentando chamar a atenção do usuário e respondendo às questões que provavelmente o levaram ao acesso, como qual é o assunto principal abordado ou serviço oferecido, por exemplo.

ELEMENTOS DOS SISTEMAS DE NAVEGAÇÃO

Um bom sistema de navegação deve considerar as necessidades de cada projeto e seu público-alvo, passando pelo desenvolvimento da aparência de cada um dos elementos de interação, trabalhando em conjunto com os rótulos definidos e com uma boa organização dos conteúdos nas páginas, fatores que devem fazer dele algo autoexplicativo. Como vimos, na maioria das vezes, os usuários apenas dão uma olhada vaga nas páginas, atentando-se a pontos de destaque e clicando em links que se assemelham com aquilo que procuram. Assim, precisamos projetar páginas para serem visualizadas e não lidas, com uma hierarquia visual clara, minimizando a confusão e deixando óbvios os elementos que servirão à navegação, tirando proveito das convenções e trabalhando os conceitos visuais.

Qualquer que seja a abordagem, a hierarquia em um site deve empregar marcas claras de separação para sinalizar a mudança de um nível a outro, como os títulos e subtítulos em uma página, a presença de *breadcrumbs* para marcação do caminho percorrido na navegação do usuário, o emprego de cores, pesos e tamanhos nas fontes e elementos gráficos, considerando sempre que no caso dos sites é o usuário quem controla o acesso às informações. Tudo isso influencia na navegação e faz parte do desenvolvimento de um bom sistema.

Para o acesso a informações presentes em outros níveis, podemos trabalhar com diversos tipos de menu: textuais, formados por ícones ou até que apresentem uma junção dos dois recursos. Menus de navegação, cujos links estão disponíveis durante toda a navegação, com uma localização fixa e mostrando ao usuário, por meio de uma marcação diferenciada, onde ele se encontra, estão presentes no design de boa parte dos sites quando consideramos dimensões maiores, ou seja, nos layouts para computadores e smart TVs, onde há mais espaço para distribuição do conteúdo. Entretanto, essa tendência geralmente é alterada nas adaptações da aplicação para telas menores, como as dos dispositivos móveis, onde os itens do menu passam a ser apresentados em uma sequência, um embaixo do outro, ou ocultos e agrupados em um ícone conhecido como sanduíche e que faz parte das convenções de uso na internet, como o ícone de lupa nos sistemas de busca, o de carrinho de compras, tão comuns nos e-commerces, o de casa para voltar para página principal do site, entre outras.

Aplicações com um conteúdo mais denso e complexo podem demandar, além do menu principal, submenus, acessíveis por meio dos itens do menu principal ou presentes apenas em outros níveis. É comum também a repetição dos itens principais de navegação no rodapé das páginas, bem como a implementação de sistemas de busca.

Exemplo de menu.

Exemplo de menu "sanduíche".

CONTROLE DE TEXTO E ESCOLHAS TIPOGRÁFICAS

Há alguns anos, os designers tinham à disposição opções bastante limitadas para escolha das fontes que poderiam ser aplicadas nos seus projetos para web, já que poucas faziam parte da instalação comum aos sistemas operacionais, fator necessário para a correta visualização dos textos nas páginas apresentadas nos navegadores. Assim, opções errôneas, considerando-se a acessibilidade e usabilidade dos sites, como a conversão de textos em imagens, eram aplicadas como último recurso para a utilização de fontes diferenciadas, especialmente em títulos e destaques. Mas isso, felizmente, é passado.

Ao tratarmos do gerenciamento de textos em aplicações para web, sua eficácia está relacionada ao correto emprego das tags HTML na construção das páginas e seu posterior tratamento visual pelo emprego das propriedades do CSS. Com a evolução dessas linguagens, hoje é possível, além do tradicional uso das fontes de sistema, implementarmos fontes web disponibilizadas por sites que permitem que os navegadores as busquem no local de hospedagem e as exibam corretamente para o usuário final, sem a necessidade de que elas estejam instaladas no seu computador. O upload de fontes previamente instaladas no computador do desenvolvedor, junto aos arquivos do site, também já é uma realidade, sendo mais um recurso para fugir das fontes padrão.

Já quanto aos aspectos relativos à legibilidade e leiturabilidade das fontes para web, devemos ter em mente que, para uma boa legibilidade em grandes textos, ou seja, para que o usuário possa reconhecer as letras com facilidade, precisamos nos atentar ao seu tamanho e dar preferência para fontes que gerem menos ruído, como as fontes sem serifa; ou que, mesmo com serifas, tenham sido criadas especialmente para o uso em telas, possuindo maior clareza no design dos tipos e altura e entrelinhamento mais confortáveis para a leitura no espaço digital, sem prejuízo à leiturabilidade do conteúdo.

Assim, ao trabalharmos com textos para web, devemos nos atentar à escolha de fontes mais limpas e ao trabalho com entrelinhas que facilitem a leitura, em blocos menores de texto e com tamanhos de fonte adequados à sua hierarquia de importância, à facilidade de leitura e ao seu público-alvo, além de considerar os aspectos comunicativos das opções feitas, que podem reforçar a mensagem que será transmitida.

CORES NA WEB

A seleção de cores para internet também foi afetada pelo desenvolvimento das linguagens utilizadas para a construção e formatação das páginas, permitindo-nos atualmente o uso da própria paleta RGB somada ao recurso de transparência. Por muitos anos utilizou-se, entretanto, um sistema numérico para a conversão de cores, conhecido como sistema hexadecimal, em que cada cor é descrita por um código de seis dígitos. Esse padrão continua sendo aceito e é uma das opções que aparecem na maioria dos softwares gráficos.

A dificuldade de se trabalhar com cores na web, na verdade, pode ser estendida para qualquer interface digital, pois está atrelada ao fato de não podermos prever as configurações utilizadas pelos usuários em seus dispositivos de acesso, a qualidade das telas que exibem os nossos conteúdos e, indo além, como cada um enxerga as cores. É possível, porém, contribuirmos com a acessibilidade e a usabilidade de uma aplicação no que diz respeito à paleta de cores, preocupando-nos com um bom contraste entre os elementos e o fundo, evitando combinações inadequadas com o emprego de muita ou pouca saturação, por exemplo, e considerando que a intensidade das cores nas telas é muito maior do que a percebida nas cores impressas, o que por natureza já torna a leitura um processo mais cansativo.

Além disso, precisamos nos atentar também ao uso das cores para hierarquia e agrupamento de conteúdos, e como apelo comunicativo e emocional, como ocorre nos demais projetos de design.

IMAGENS PARA WEB

As configurações de imagens para web compreendem a maior parte das características comuns às imagens no ambiente digital e já abordadas na introdução deste livro. Os diferenciais ficam por conta do formato e peso dos arquivos gerados.

Para web, as imagens devem ser salvas nos formatos jpg, png, gif ou svg, de acordo com suas especificidades no projeto, segundo as possibilidades de cada um dos formatos quanto à quantidade de cores, ao suporte, à transparência e animação, e à **COMPACTAÇÃO DOS ARQUIVOS**. Ao salvar imagens para web, você deve sempre tentar obter o balanço entre qualidade visual e peso do arquivo, a fim de garantir os atributos necessários, sem deixar de lado o tempo de carregamento de uma página, ou seja, quanto mais leves forem suas imagens, mais rapidamente elas serão carregadas para os visitantes do seu site, o que afeta diretamente a experiência do usuário e até mesmo melhora o posicionamento do site nos mecanismos de busca.

GLOSSÁRIO

COMPACTAÇÃO DE ARQUIVOS: a compressão ou compactação de arquivos consiste na diminuição do seu peso, de acordo com diversos mecanismos que variam para cada formato, mas que, em geral, visam à eliminação de informações redundantes. Em um arquivo de imagem bitmap, por exemplo, existem diversos pixels com as mesmas informações de cor. Em vez de guardar as informações de cada um dos pixels, quando compactado, o arquivo guarda apenas o valor de um deles, que é reproduzido para os outros semelhantes, economizando peso no arquivo.

Sobre o correto uso de imagens em um site, considerando sua acessibilidade, além da preocupação com o peso dos arquivos – quanto mais leve a imagem, mais acessível torna-se o site para as diversas velocidades de conexão à internet –, ainda devemos buscar sua otimização, para que as imagens sejam corretamente compreendidas e lidas pelos programas leitores de tela, utilizados por deficientes visuais. Isso é facilmente resolvido utilizando-se de maneira correta as tags HTML e suas propriedades, como veremos adiante. Além disso, elas devem ser configuradas para adaptar-se proporcionalmente aos diferentes tamanhos de tela trabalhados no design responsivo, mantendo sua qualidade e apelo visual em todos os dispositivos.

Desenvolvimento dos layouts finais de um site, considerando medidas para acesso via desktop, tablet e smartphone.

PROTOTIPAÇÃO

Protótipos nada mais são do que modelos que visam validar o conteúdo e explicitar o funcionamento de um produto – no nosso caso, de todo o sistema de navegação de uma aplicação web, antes que ela seja completamente codificada e implementada. Dessa forma, conseguimos ratificar a solução e reduzir o tempo de desenvolvimento na etapa final, antecipando a detecção de possíveis erros de projeto.

Em alguns casos de maior complexidade, quando sentimos a necessidade de mostrar ao cliente ou demais envolvidos como algo funciona na prática, ou até mesmo a fim de realizar testes prévios de usabilidade com o usuário final, podemos trabalhar o desenvolvimento de protótipos.

Existem diversos tipos de protótipos, que vão desde soluções simplificadas a algumas bem mais elaboradas, que se assemelham com o resultado final esperado, chegando a ser até mesmo produtos já codificados, mas considerados versões primárias de teste, ainda não liberados ao grande público como aplicação final. Quando consideramos um site, por exemplo, podemos gerar um protótipo a partir dos *wireframes* desenvolvidos para as telas, feitos à mão ou com o uso de softwares ou aplicativos, sendo possível observar, por exemplo, a hierarquia das informações e a qualidade do sistema de navegação. Entretanto, caso seja necessária uma visão mais próxima do real, podemos utilizar os próprios layouts finais para prototipação, gerando o que chamamos de protótipo de alta fidelidade.

Para efetuar a prototipação de um produto interativo, podemos, portanto, utilizar o bom e velho papel, imaginando os vínculos realizados por cada link ou utilizar aplicativos e softwares que facilitem a montagem e linkagem das páginas.

> **SAIBA MAIS**
>
> Existem diversas ferramentas gratuitas disponíveis na internet para o desenvolvimento de *wireframes* e protótipos. Experimente!
> *Marvel* – https://marvelapp.com/
> *Figma* – https://www.figma.com/

Simulação do desenvolvimento de protótipos a partir dos layouts finais de um site. Ao clicar no botão, o usuário é redirecionado para outra tela.

CONSTRUÇÃO DE PÁGINAS PARA WEB

A construção de páginas para web é baseada no HTML, uma linguagem de marcação criada para a estruturação de conteúdo e interpretada pelos navegadores. Foram elaboradas diversas versões de HTML desde a sua criação, sendo seus padrões definidos pela W3C.

O HTML é quem define a ordem de exibição dos elementos na página e a semântica do conteúdo, ou seja, seu significado e importância. Por meio dele, os leitores de tela e buscadores, como o Google, varrem e encontram as informações que procuramos na web, considerando sua relevância dentre o emaranhado de dados disponíveis.

Já o CSS ou Cascading Style Sheets está ligado ao aspecto visual das páginas HTML, tratando-se de um conjunto de regras de estilo que determina a aparência da página e de seus elementos no navegador. Por meio do CSS, atribuímos propriedades como cor, tamanho, tipo de fonte, dimensões e margens, entre diversas outras opções. Assim, com o surgimento e uso do CSS, o código HTML ficou mais limpo, podendo exercer apenas a função de estruturação do conteúdo. Em termos práticos, isso gerou maior organização e facilidade de manipulação de ambos, pois enquanto um constrói, a aparência fica a cargo do outro. Duas das maiores vantagens do trabalho com o CSS são a possibilidade de geração de um arquivo externo que pode ser vinculado a diversas páginas HTML, trazendo praticidade para as alterações e manutenção do site como um todo; e a facilitação do carregamento das páginas no navegador.

SAIBA MAIS

Para conhecer mais sobre o HTML e o CSS, sua estrutura e sintaxe, recomendamos a leitura de *HTML5: embarque imediato*, de Fábio Flatschart.

O site da W3C Brasil também é um ótimo local para se atualizar e conhecer os últimos padrões recomendados. Acesse: http://www.w3c.br/.

Neste momento você pode estar se perguntando: mas eu quero trabalhar com design digital, por que preciso saber dessas coisas? Conhecer ao menos o funcionamento básico do HTML e do CSS dá ao designer no ambiente digital muito mais segurança e autonomia no desenvolvimento de soluções, ajudando-o a planejar e compor layouts melhores, que levam em consideração as características de uma página acessível em todos os sentidos, seja considerando os usuários, seja imaginando os mecanismos de busca.

Após o desenvolvimento de todas as etapas na busca de soluções e planejamento para uma aplicação web, a codificação HTML é parte fundamental do desenvolvimento. Mesmo que você não seja o responsável por essa etapa, é válido que conheça o processo para que possa acompanhar o projeto até sua finalização e publicação na internet, onde enfim estará acessível aos usuários.

A saber, um site construído inteiramente em linguagem HTML é conhecido como um site estático, ou seja, que não pode ter seu conteúdo fácil e prontamente alterado sem que sejam necessárias modificações nos próprios arquivos. Para a construção de sites dinâmicos, que permitem alterações de conteúdo em áreas predeterminadas, depois de sua implementação, precisamos considerar programas *back-ends* como bancos de dados, por exemplo aplicações que rodam do lado do servidor, não sendo visíveis aos usuários por meio do navegador, o que exige a parceria com um profissional que domine tais linguagens de programação.

AUDIOVISUAL

APLICAÇÕES,
EDIÇÃO,
ETAPAS DE PRODUÇÃO,
MOVIMENTOS E ÂNGULOS DE CÂMERA,
ENQUADRAMENTOS,
GÊNEROS

Os produtos audiovisuais como conhecemos hoje podem ser criados e transformados, a partir de poucos equipamentos, em um universo de possibilidades. Com apenas um smartphone, é possível produzir, editar e veicular um produto que contenha áudio e vídeo. Consideramos produtos audiovisuais todo produto de comunicação – artística, cultural, educativa, técnica, informativa ou publicitária – que seja formado por imagens com movimento, acompanhadas de som.

Porém, vale ressaltar que, além de competência técnica, são necessários conhecimentos de linguagem audiovisual e princípios do design, a fim de que o produto final alie qualidade estética e função.

EDIÇÃO DE VÍDEO: CONCEITO

Edição de vídeo é a organização dos **FRAMES** ou trechos de vídeo em uma **TIMELINE**, com o intuito de criar uma determinada sequência narrativa.

A edição de vídeo digital é denominada como edição não linear de vídeo e caracteriza-se pela versatilidade com que o editor pode trabalhar com os frames ao longo do tempo, sem se preocupar com a alteração da ordem desses trechos durante o processo. Ou seja, nesse tipo de edição, podemos reordenar os trechos de vídeo a qualquer momento, pois não estamos presos a uma estrutura física, como uma fita de gravação.

Porém, no desenvolvimento de um produto audiovisual, a edição é um dos processos que se enquadram no que chamamos de pós-produção. Para entender sua importância, vamos detalhar cada um dos processos que envolvem a criação de um produto audiovisual.

As etapas de produção de um vídeo podem variar de acordo com o projeto, mas geralmente ocorrem de forma similar. Alguns produtos, como filmes e documentários, têm etapas mais elaboradas, diferentemente de vídeos para web ou produções de retrospectivas e registros de festas e casamentos, os chamados vídeos sociais.

GLOSSÁRIO

FRAMES OU QUADROS: correspondem a cada imagem estática que faz parte de uma composição de imagens, com a função de criar movimento.

TIMELINE: representação gráfica do conteúdo do seu vídeo, a timeline (linha do tempo) mostra os frames individualmente e deve ser lida da esquerda para a direita, linearmente. Baseia-se no **TIMECODE**; portanto, à medida que inserimos trechos na sequência, a timeline aumenta.

TIMECODE: sistema de marcação de tempo presente nas timelines dos softwares. Demonstra a contagem do tempo por meio de *horas: minutos: segundos: quadros* (frames), sendo o último a menor unidade de medida. As taxas de quadro por segundo podem variar de acordo com o sistema adotado. O cinema, por exemplo, utiliza a taxa de 24 quadros por segundo, enquanto um sistema digital puro utiliza 30.

A seguir, preparamos um guia com os principais elementos do fluxo de produção de um projeto de vídeo.

Panorama geral
do fluxo de trabalho para desenvolvimento de um produto audiovisual.

ETAPAS DE PRODUÇÃO

PRÉ-PRODUÇÃO

A pré-produção é a fase que existe para facilitar os processos subsequentes. Nesta etapa, a equipe pode definir qual será o conteúdo, os atores e como, onde e quando será realizada a gravação. A pré-produção consolida como serão as outras fases, a etapa de levantamento e a organização do projeto de vídeo.

Cabe citar que nem sempre encontramos contexto, roteiro e storyboard como parte da pré-produção. Em algumas literaturas, veremos esses itens como etapas que antecedem a pré-produção, mas verificamos que é mais comum que esses documentos estejam inseridos nesta fase.

Na *contextualização*, todos os elementos primários são elencados, como a finalidade do vídeo, local de implementação, objetivos e público-alvo. Essa etapa normalmente é feita por meio de um formulário ou questionário, e pode utilizar ferramentas, como o mood board, para levantamento de referências.

O roteiro é um documento que tem a função de guiar todos os envolvidos na produção de um vídeo. Contém, basicamente, as cenas, os sons e os diálogos de um vídeo, filme ou de qualquer outro produto audiovisual. Podemos dizer que é o vídeo em forma de texto. Ele é essencial para que o projeto tenha unidade e ajuda a definir os próximos passos, como a seleção das locações, e para que os envolvidos conheçam todos os personagens e suas características, as falas, os efeitos sonoros e a ordem de produção das cenas.

Doc Comparato, teórico e dramaturgo, define o roteiro assim:

> **SAIBA MAIS**
>
> Recomendamos a leitura do livro *Da criação ao roteiro – teoria e prática*, de Doc Comparato.

AUDIOVISUAL

É a forma escrita de qualquer audiovisual. É uma forma literária efêmera, pois só existe durante o tempo que leva para ser convertido em um produto audiovisual. No entanto, sem material escrito não se pode dizer nada, por isso um bom roteiro não é garantia de um bom filme, mas sem um roteiro não existe um bom filme. (Comparato, 2016)

Existem muitos formatos de roteiro e, como vimos, não há um padrão oficial. Além disso, o roteiro pode mudar de acordo com a finalidade do projeto. Adotamos, para exemplificar, um dos modelos mais conhecidos e utilizados para produções de filmes, que é o formato chamado de *master scenes*. Esse modelo prevê algumas regras de formatação, como a utilização da fonte courier new, tamanho 12 pt. Esse modelo faz com que cada página de roteiro corresponda a aproximadamente 1 minuto de filme, e todas as páginas devem conter os seguintes elementos: cabeçalho de cena, ação, diálogos e transição.

ATIVIDADE >>

Crie um roteiro simples utilizando a ferramenta on-line *Celtx*. Acesse: https://www.celtx.com/index.html.

A ferramenta é gratuita e funciona como um editor de texto. Criada para facilitar a produção de roteiros, suas formatações são aplicadas automaticamente, cabendo ao usuário o preenchimento do texto e a inserção de marcações específicas para personagens, transições e cenas. Há ainda espaço para notas de produção.

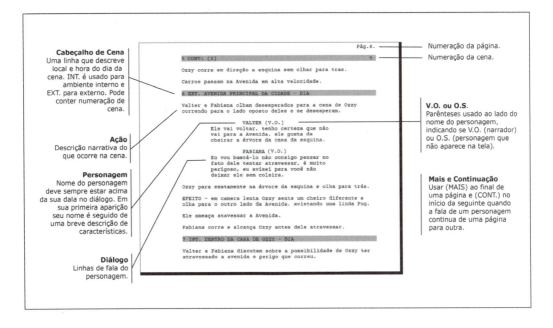

Elementos que compõem um roteiro.

GLOSSÁRIO

STORYBOARD: esboço dos principais quadros que compõem as cenas de um produto audiovisual apresentados na sequência, com o intuito de planejar e pré-visualizar um filme ou animação, permitindo a verificação dos aspectos narrativos da história, a escolha de ângulos e enquadramentos e a duração de cada ação. Assim como o roteiro, serve como guia visual para todos os profissionais que trabalham na produção de um filme.

SAIBA MAIS

Você pode criar um storyboard on-line utilizando a ferramenta *Canva*, que é um site que permite criar diversos layouts on-line de maneira rápida e fácil. Acesse: https://www.canva.com/pt_br/login/. Essa ferramenta também tem versão em App, que pode ser instalado tanto em iOS como em Android, e possui uma biblioteca de layouts e templates prontos para uso. Além disso, você também pode fazer o upload de suas próprias imagens. O acesso à plataforma é gratuito, mas com algumas limitações.

Para algumas produções, além do roteiro, é necessário criar um **STORYBOARD**, um desenho de todas as ações principais de cada cena, que ajuda a definir planos, enquadramentos, transições e elementos essenciais do cenário. De forma geral, o storyboard é desenhado como uma sequência de imagens que são organizadas em uma página, parecido com uma história em quadrinhos, com diversos quadros em que cada um representa uma ação importante do vídeo a ser produzido, sempre se pautando pelo roteiro. Nesses quadros, podemos fazer anotações que se referem aos diálogos dos personagens ou narrador, exemplificar movimentos de câmera e colocar referências para o editor. Existem vários estilos de storyboard, e você não precisa ser um desenhista talentoso para criá-lo: apenas alguns esboços já são suficientes para identificar a posição da câmera, dos personagens e dos elementos de cena, e também podem ser usados desenhos elaborados ou até mesmo fotos que simulem cada cena.

Para a definição de como será a produção do vídeo, estabelecer um *orçamento* é essencial. É necessário elencar, de preferência em uma planilha, todos os tipos de gastos, tais como locações para filmagem, equipamentos, cachê dos atores, verba para a pós-produção (edição, efeitos, trilha, entre outros). De acordo com os valores e primando pela manutenção do bom andamento do projeto, defina a equipe de atores que vai trabalhar em cada etapa do vídeo, lembrando que, dependendo da sua natureza, é possível que não haja atores, mas narrador, por exemplo – nesse caso, precisaríamos pensar na produção de locução.

A locação, os equipamentos e figurinos compreendem uma etapa muito importante para a organização dos elementos necessários para a gravação. Vale ressaltar que é essencial verificar se as locações precisam de autorização prévia

TÍTULO Uma vida de Pug

PÁGINA Temporada 1 | Episódio 4 | Página 02

DATA 01 de Outubro de 2018

CENA 5 **CLIQUE** Plano Fechado

DIÁLOGO
Fabiana (O.S.): Ozzy está na hora de sairmos para o veterinário, suas vacinas estão atrasadas, e precisamos urgente colocar em dia.

AÇÃO
Ozzy olha fixamente para sua tutora de forma indignada, ele odeia tomar vacina.

CENA 6 **CLIQUE** Plano Médio

DIÁLOGO
Fabiana (O.S.): Ozzy não adianta procurar um lugar para se esconder.

Ozzy: Chora baixinho.

AÇÃO
Ozzy procura um lugar para se esconder e resolve pular para baixo da mesa.

Modelo de storyboard, com uso de fotos.

para gravação, pois, muitas vezes, é necessário entrar em contato com a prefeitura para verificar a possibilidade de filmagem. Em caso de locação de espaços específicos, teremos um tempo máximo de uso, então fazer uma estimativa de quantas cenas poderão ser filmadas é de suma importância para otimizar processos.

GLOSSÁRIO

MOTION GRAPHICS: é o termo mais utilizado para definir elementos com movimento na tela que utilizam recursos de design para passar uma mensagem de forma mais visual. Também podemos encontrar outras denominações, como motion design, videografismo ou design de animação, que também se referem à técnica de design gráfico que mescla princípios de design, animação, vídeo, sons e gráficos, com a intenção de comunicar um conteúdo por meio de um grande impacto visual.

KEYFRAMES OU QUADROS-CHAVE: são os frames do vídeo ou da animação que possuem uma configuração para uma mudança. Por exemplo, no caso de deslocar um objeto da esquerda para a direita, para que o movimento aconteça é necessário marcar a posição e o tempo inicial e a posição e o tempo finais do objeto. Os quadros que possuem essa marcação são chamados de chaves.

PRODUÇÃO

A produção é a fase de captação, quando fazemos as gravações, a produção de imagens e a captação de áudio. Esse é o momento de pôr em prática todo o planejamento anterior, tendo o roteiro e o storyboard, caso exista, como bases de todo o trabalho.

PÓS-PRODUÇÃO

Na pós-produção, realizamos o que chamamos de montagem. É a edição propriamente dita, a organização das cenas e a inserção da trilha sonora, da locução, dos efeitos sonoros e também da produção e inserção dos efeitos de vídeo, também conhecido por **MOTION GRAPHICS**.

Motion graphics geralmente têm a função de exemplificar algo ou criar impacto, por meio de logotipos ou infográficos animados e efeitos especiais.

Ao contrário das animações clássicas, feitas frame a frame por meio de técnicas de desenho e ilustração, o *motion graphics* utiliza, na maioria das vezes, formas, textos, gráficos, cores, ilustrações e ícones, com técnicas diversas, unindo conteúdos digitais e manuais. Estes, por sua vez, ganham movimentos e efeitos com a criação de **KEYFRAMES**, que registram as mudanças dos parâmetros de acordo com o tempo e a configuração das propriedades dos objetos e efeitos.

LINGUAGEM AUDIOVISUAL

GÊNEROS

Os gêneros permitem definir o estilo de um determinado vídeo. Existe uma infinidade de gêneros cinematográficos, por isso é necessário criar um critério para elencá-los. Aqui utilizamos a classificação com base na narrativa do vídeo, o que nos leva para o que chamamos de gêneros clássicos. Podemos identificar, então, estilos como o *western*, o drama, o musical, o terror, a ação ou o *film noir*, cujos elementos aparecem de modo recorrente e permitem o reconhecimento fácil e rápido das características da narrativa, ou seja, o que se revela do enredo, que é a forma como a história é contada: quais os padrões narrativos, o perfil dos personagens, as características das locações, as temáticas abordadas, a época em que está inserida, o figurino e o cenário, bem como as opções estéticas, para determinar o gênero ao qual o vídeo pertence.

Também podemos classificar os vídeos de acordo com a sua função:

- A **ficção** visa entreter, com uma narrativa bem estruturada e envolvente.

- O **documentário** traz o testemunho e promove a reflexão sobre um determinado assunto, sempre partindo da realidade.

- O **experimental** propõe ampliar, testar e explorar as formas, as técnicas e os métodos da criação audiovisual.

- A **videoarte** utiliza elementos do vídeo para criar uma expressão artística e provocar estranheza, testar ideias ou reafirmar uma estética.

- A **animação** trabalha com elementos da imaginação, representados por uma determinada estética, que é definida pelo processo criativo e sua diversidade.

Apesar das variações e da pluralidade quanto à classificação de gêneros, podemos afirmar que todos eles, principalmente os gêneros clássicos, consideram aspectos fundamentais no que diz respeito a produção, consumo, criação, crítica, análise e divulgação, como veremos a seguir.

Ação

O vídeo de ação é um dos mais contemporâneos, normalmente criado para o entretenimento. Existe uma grande produção cinematográfica envolvendo esse gênero, de maior apelo popular e sucesso comercial. Apresenta geralmente uma enorme quantidade de efeitos especiais e, do ponto de vista narrativo, traz uma série de situações recorrentes, como cenas e sequências de intensa ação, perseguições vertiginosas, batalhas, duelos ou explosões exuberantes. Os heróis e os vilões são caracterizados de forma bem clara e sempre se contrapõem. Esteticamente falando, esses vídeos trazem soluções de fácil decodificação, como as roupas ou a própria fisionomia.

SAIBA MAIS

Selecione filmes ou vídeos que se enquadrem nas funções descritas. Para isso, você pode fazer uma busca na internet e assistir aos trailers em sites como o YouTube.

Assista ao filme *Indiana Jones e os caçadores da arca perdida* (1981), um clássico filme de ação.

Comédia

Esse gênero procura provocar essencialmente o riso da plateia nas suas diversas manifestações, desde a gargalhada mais alta e profunda até o sorriso mais simples. A comédia tende a ressaltar as fragilidades do ser humano, como o erro, o vício, a negligência, a ostentação, o julgamento, o preconceito, a loucura, etc.

A comédia pode se desdobrar em muitas modalidades, dependendo de seu propósito. Veja a seguir alguns exemplos:

- A **paródia** mostra uma situação ou um personagem para revelar seus problemas e contradições, com base no seu ideal de mundo.
- A **sátira** produz um discurso crítico forte, que normalmente leva à humilhação ou à depreciação.
- A **ironia** apresenta um discurso que pode divergir do sentido literal, afirmando algo para depois insinuar o contrário.

Drama

A partir de situações cotidianas graves, o drama procura ressaltar a qualidade emotiva da história. Podemos afirmar que o seu foco principal é o ser humano comum, que lida com questões do dia a dia geralmente complexas, trazendo grandes implicações afetivas ou polêmicas sociais. Essa propensão para o realismo emocional, muitas vezes, pode aparecer de forma estilizada ou exagerada. Dependendo da natureza do drama, podem surgir subgêneros, como: o drama social, o drama romântico, o drama psicológico, o drama familiar e o drama político.

> **SAIBA MAIS**
>
> Assista ao filme *Loucademia de polícia* (1984), um clássico filme de comédia.
>
> Assista ao filme *A lista de Schindler* (1993), um clássico filme de drama.

Ficção

Esse gênero costuma representar uma história do campo imaginário, não real ou fantasioso. Sua principal característica talvez seja criar uma espécie de dicotomia entre os fatos reais do discurso científico e a liberdade da imaginação. A ficção científica, um de seus subgêneros mais marcantes, por exemplo, procura criar um ideal de futuro para a humanidade nas suas mais diversas formas diegéticas: cenários cibernéticos, metropolitanos, espaciais ou apocalípticos, objetos futuristas, como a adaptação de carros voadores e interfaces de comunicação supermodernas, além de personagens cibernéticos, aliens e espécies transformadas.

Musical

Nesse gênero, a música não é apenas um complemento dramático para as cenas ou para os personagens, mas sim um elemento narrativo, responsável por contar parte da história. A música não se sobrepõe à história a partir das ações; na verdade ela surge a partir dos personagens e determina seus comportamentos. As cenas, os números ou as sequências cantadas e dançadas pelos personagens são elementos característicos do musical, que representam os sentimentos, os pensamentos, as motivações e as decisões dos protagonistas da história.

Terror

No filme de terror, o espectador comunga com o sofrimento e as dificuldades dos personagens. Esse gênero procura sempre provocar alguma espécie de efeito emocional estranho no espectador, como o medo, o terror, a repulsa, o choque e o susto. Tais experiências emocionais podem revelar-se quase insuportáveis em alguns momentos, levando a manifestações corporais mais radicais, como fechar os olhos, sentir náuseas, gritar, suar e tremer.

SAIBA MAIS

Assista ao filme *Blade Runner: o caçador de androides* (1982), um clássico filme de ficção.

Assista ao filme *Moulin Rouge: amor em vermelho* (2001), um clássico filme musical.

Assista ao filme *O chamado* (2002), um clássico filme de terror.

Western

Não há gênero mais clássico que o *western*. Foi o único gênero que nasceu essencialmente do cinema. O *western* é um retrato do oeste americano. Ele trabalha com o contexto de expansão das fronteiras e a contraposição entre a lei e a ordem, na maioria das vezes, deturpando as populações indígenas, retratadas como vilões e inimigos. Essa dicotomia entre a ordem e o caos, entre a lei e o crime, traz um claro simbolismo dos fatos.

SAIBA MAIS

Assista ao filme *Por um punhado de dólares* (1964), um clássico filme *western*.

ENQUADRAMENTOS, MOVIMENTOS E ÂNGULOS DE CÂMERA

A técnica de enquadramento é extremamente importante para a linguagem audiovisual. Enquadrar é selecionar o que está no vídeo em cada uma das suas cenas e sequências, influenciando no modo como o espectador compreenderá emocionalmente a história que está sendo contada. Quando o enquadramento é bem-feito e a captação possui uma linguagem narrativa e estética, com certeza teremos uma boa produção. A técnica do enquadramento possui três elementos básicos: o plano, a altura do ângulo e o lado do ângulo.

PLANO ABERTO OU LONG SHOT

A câmera está distante do objeto de filmagem (personagem, ator, animal), de modo que ele ocupa uma pequena parte do cenário. Esse plano geralmente é utilizado para a "ambientação" do espectador com a cena.

PLANO MÉDIO OU MEDIUM SHOT
A câmera está a uma distância média do objeto de filmagem, de modo que ele ocupa uma parte razoável do ambiente; porém, há espaço de cenário aparecendo em volta. Esse plano é utilizado para o posicionamento ou a movimentação de cena.

PLANO FECHADO OU CLOSE-UP
A câmera está próxima do objeto de filmagem. Dessa forma ele ocupa praticamente toda a tela e o cenário quase não aparece. Esse plano é utilizado normalmente para criar uma sensação de "intimidade" com o público.

PLANO GERAL OU PG
Caracterizado pelo ângulo da câmera o mais aberto possível, que mostra todo o cenário. O objeto da filmagem ocupa um espaço mais reduzido na cena. Esse plano geralmente é utilizado em cenas externas ou em cenas internas cujo espaço é muito grande

PLANO CONJUNTO OU PC
É definido pelo ângulo visual da câmera aberto, revelando uma parte significativa da cena. O objeto de filmagem ocupa um espaço médio na cena. Com esse plano, conseguimos identificar os personagens da cena, porque estão mais perto da câmera.

PLANO AMERICANO OU PA
Quando o objeto da filmagem, ou seja, o personagem, é enquadrado do joelho para cima.

MEIO PRIMEIRO PLANO OU MPP
Quando o objeto da filmagem, ou seja, o personagem, é enquadrado da cintura para cima

PRIMEIRO PLANO OU PP
Quando o objeto da filmagem, ou seja, o personagem, é enquadrado do peito para cima.

PRIMEIRÍSSIMO PLANO OU PPP
Quando o objeto da filmagem, ou seja, o personagem, é enquadrado dos ombros para cima. Também podemos denominar esse plano como *big close-up*.

PLANO DETALHE OU PD
Quando a câmera enquadra uma parte do rosto ou do corpo do objeto da filmagem, ou seja, do personagem, como um olho, uma boca, etc. Esse plano também pode ser usado para mostrar objetos pequenos, como um broche, um anel ou uma marca.

Além dos enquadramentos, os ângulos de câmera também nos ajudam a contar uma história de forma eficiente e com apelo emocional, sendo divididos em três tipos: normal, plongée e contra-plongée. O nome plongée é de origem francesa e significa "mergulho", aludindo à sensação de mergulho na cena, por parte do espectador. Todas essas denominações que encontramos aqui estão formatadas com relação à figura humana, mas podemos aplicar esses mesmos elementos para animais, objetos e desenhos.

ÂNGULO NORMAL
Quando a câmera está alinhada aos olhos do objeto da filmagem ou do personagem.

ÂNGULO PLONGÉE
Quando a câmera está acima do nível dos olhos do objeto da filmagem ou do personagem, voltada de cima para baixo. Esse ângulo também é chamado de câmera alta e pode ser utilizado em filmes para criar uma sensação de inferioridade ou mostrar um personagem que está em uma situação de fragilidade.

ÂNGULO CONTRA-PLONGÉE
Quando a câmera está abaixo do nível dos olhos do objeto da filmagem ou do personagem, voltada de baixo para cima. Esse ângulo também é chamado de câmera baixa e pode ser utilizado em filmes para criar a sensação de superioridade ou mostrar um personagem que tem poder.

Outro elemento de linguagem audiovisual muito importante é o lado do ângulo que está sendo mostrado pela câmera. Esse elemento nos ajuda a dar mais movimento às cenas e permite ao espectador ter uma sensação mais tridimensional delas.

LADO DO ÂNGULO FRONTAL
Quando a câmera está de frente, em linha reta com o nariz do objeto da filmagem ou do personagem.

LADO DO ÂNGULO 3/4
Quando a câmera fica em um ângulo de aproximadamente 45 graus em relação ao nariz do objeto da filmagem ou do personagem. Pode haver variações dessa posição.

LADO DO ÂNGULO PERFIL
Quando a câmera fica em um ângulo de aproximadamente 90 graus em relação ao nariz do objeto da filmagem ou do personagem. Pode variar do lado esquerdo para o direito.

LADO DO ÂNGULO DE NUCA
Quando a câmera está em linha reta com a nuca do objeto da filmagem ou do personagem, ou seja, o personagem está sendo filmado por trás em linha frontal.

Todos esses elementos de cena que acabamos de apresentar podem ser utilizados na produção audiovisual, sendo conceitos essenciais para qualquer tipo de vídeo que for produzido, desde vídeos para mídias sociais até uma produção de longa-metragem. Sempre utilize os elementos de linguagem audiovisual para aprimorar seu projeto e criar sensações em seu público.

A IMPORTÂNCIA DO AUDIOVISUAL PARA AS NOVAS MÍDIAS

Desde que as mídias sociais se multiplicaram e se popularizaram, o vídeo tem sido uma ferramenta poderosa para aumentar o engajamento e entreter. O fenômeno do **VÍDEO ON DEMAND** e do YouTube se iniciou com a expansão de recursos tecnológicos, como os smartphones e a conectividade, mais diretamente o mobile connection.

Os antigos blogs se expandiram e se tornaram canais mais complexos de comunicação. Com o uso de vídeos nas principais mídias sociais do momento, YouTube e Facebook, e performances no **STORIES** do Instagram, o vídeo nunca esteve em tantos lugares e nunca consumimos tanto esse tipo de conteúdo.

Além de consumidores, somos também produtores de conteúdo em vídeo: qualquer um que já tenha feito um stories pode ser considerado produtor de conteúdo audiovisual, afinal captou, editou e postou seu vídeo. Mas não se engane: o espaço profissional precisa de pessoas que consigam alinhar conteúdos mais relevantes com técnicas mais precisas e criatividade para produzir melhor. Todos os conteúdos relacionados a teoria de cores, imagens, design e linguagens

---

GLOSSÁRIO

VÍDEO ON DEMAND: também conhecido como vídeo por demanda, é uma plataforma que disponibiliza vídeos, filmes, documentários, shows e programas por seleção. O usuário escolhe o que e quando quer ver, e assiste.

STORIES: ferramenta interna da mídia social Instagram, que permite gravar e compartilhar momentos em foto e vídeo de 15 segundos, customizados com desenhos, emojis e texto. Esses stories podem ser destacados no botão *stories highlights*, que é uma área do seu perfil na qual você pode fixar os vídeos do stories que achar mais importantes.

são essenciais para que se produza algo de qualidade. Não importa qual o software escolhido, pois hoje é possível fazer muito com aplicativos simples de smartphone.

Mas se você realmente quer ser um profissional e criar os vídeos que desejar, para todos os formatos de saída, terá de aprender a utilizar um software mais robusto e de mercado, como **Adobe Premiere Pro**, **Final Cut** ou **Sony Vegas**. A lógica de edição desses softwares é a mesma: você tem ferramentas de corte diversas que permitem ordenar o seu material bruto de vídeo, criando uma lógica construtiva e eliminando o que estiver sobrando de acordo com os seus objetivos e linguagens. O editor orquestra o conteúdo, estabelecendo a ordem das imagens e inserindo ou retirando frames para melhorar a fluidez da produção, de maneira a dar ritmo e sincronizar as imagens com o áudio, sempre com o intuito de criar um vídeo mais harmônico.

SAIBA MAIS

Não acredita que é possível criar e editar vídeos diretamente do seu celular? Baixe aplicativos como o *Adobe Premiere Clip* e o *Quik* no seu smartphone e edite seus vídeos com inserção de efeitos e textos.

ANIMAÇÃO

12 PRINCÍPIOS DA ANIMAÇÃO,
FPS,
QUADRO × QUADRO-CHAVE,
TIPOS DE ANIMAÇÃO,
ETAPAS DE PRODUÇÃO

A animação vem ganhando mercado e despertando um interesse cada vez maior do público e de entusiastas empenhados em fazer dela uma profissão. No momento, observa-se o surgimento de escolas e cursos focados nessa temática e suas técnicas, acompanhando a tendência de crescimento da procura por profissionais de animação para internet, publicidade, televisão, games, empresas, educação a distância e, por que não, cinema. No âmbito do design digital, que exige um profissional polivalente, entender os princípios da animação, suas possibilidades e aplicações, é muito importante para que esse recurso de extremo apelo emocional seja considerado no planejamento dos produtos e possa ser trabalhado com propriedade e respeito às suas necessidades e etapas, recebendo a devida atenção.

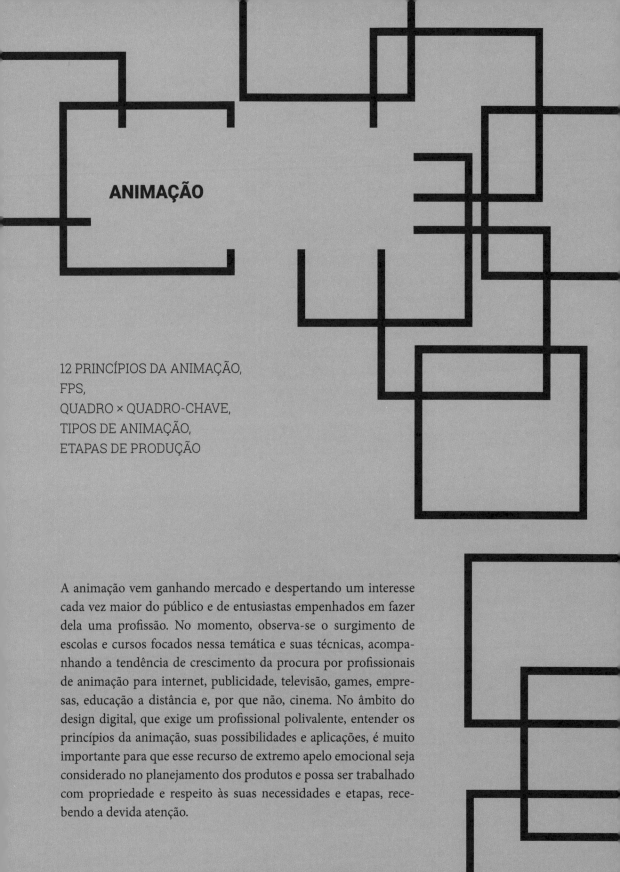

ATIVIDADES >>

1. **Criação de folioscópio ou flipbook:** idealize uma pequena história ou o movimento simples de um objeto ou personagem. Em um pequeno bloco de papel, desenhe uma pose em cada folha, modificando levemente o desenho em relação à folha anterior. Faça o número de desenhos suficiente para que você consiga folhear rapidamente o bloco e perceber o movimento. Experimente! Você vai perceber que apesar de todo o trabalho exigido para se obter uma animação, é mágico quando vemos uma série de imagens se agitar na folha.

2. **Criação de animação clássica:** pense em pequenas situações geradas por objetos do cotidiano que ganham vida. Realize os desenhos das poses necessárias para o movimento desses objetos em folhas de acetato. Selecione um cenário real e fotografe cada um dos desenhos com esse cenário ao fundo, dando origem aos quadros da sua animação. Você pode colocá-los em ordem com o auxílio do software gráfico de sua preferência ou utilizando ferramentas gratuitas disponíveis na internet para a geração de filmes ou mesmo gifs animados.

Mas, afinal, o que é animação? Por que ela provoca esse grau de encantamento nas pessoas? Na sua história e essência, é significativa a relação entre estética, técnica e tecnologia. Seu processo de evolução liga-se ao desenvolvimento tecnológico e ao aumento de possibilidades e experimentações de nível técnico, compartilhando muito de sua trajetória com o cinema. A animação tem como base o movimento, e é ele que provoca intensa atração visual no público, que presencia uma certa magia quando vê desenhos saltando aos olhos. Tudo o que imaginamos pode ganhar vida, e assim criamos e reestruturamos novas realidades.

Diversos dispositivos foram inventados no decorrer da história para criar a ilusão de movimento, a partir da rápida sucessão de uma sequência de imagens estáticas. Entretanto, é interessante considerarmos que alguns elementos são imutáveis no processo, independentemente dos recursos e do tipo de animação escolhidos ou da tecnologia empregada na produção.

Aplicação de **personagem** ilustrado em cenário fotográfico.

Assim, o segredo para uma boa animação está no domínio da técnica do movimento ao longo do tempo. Esteja a animação partindo de desenhos no papel ou no **ACETATO**, como a boa e velha animação clássica, ou utilizando recursos de computadores e softwares para a criação dos desenhos e manipulação de **QUADROS**, ela tem de resultar em movimentos nos quais acreditamos, que sejam capazes de nos trazer à mente a realidade da encenação apresentada.

Cada produto ou finalidade exige uma configuração específica em relação ao número de quadros ou desenhos que trabalharemos para obter 1 segundo de animação, isso é o que chamamos de cadência ou *frame rate*. Sua unidade de medida é o FPS (*frames per second* ou quadros por segundo), que pode variar de acordo com os dispositivos audiovisuais de captura de imagens, como câmeras de vídeo e de reprodução das imagens sequenciais, além da fluidez de movimento desejada em cada caso. Ou seja, quanto maior o número de quadros necessários, mais desenhos precisaremos para cada segundo de animação. No cinema, o padrão mais trabalhado compreende 24 FPS, ou seja, 24 quadros para 1 segundo de filme (de animação ou **LIVE ACTION**). Em vídeos para televisão e outras mídias, os principais sistemas atuais trabalham entre 24 FPS e 30 FPS; mas pode haver variações. Assim, a cadência ou *frame rate* de um produto audiovisual representa a frequência em que a sequência de imagens é processada, podendo chegar a valores muito maiores em games de alta definição para consoles e computadores, por exemplo, que podem trabalhar com uma taxa de 60 FPS ou superior, exigindo um processamento muito maior do dispositivo de reprodução e um número muito maior de quadros para cada segundo.

SAIBA MAIS

Para conhecer alguns dos principais dispositivos criados ao longo do tempo a fim de gerar a ilusão de movimento e se aprofundar na história da animação, recomendamos a leitura do livro *Arte da animação: técnica e estética através da história*, de Alberto Lucena Júnior.

GLOSSÁRIO

ACETATO: folha de celuloide transparente tradicionalmente usada para animação clássica. Sua função se assemelha à das camadas nos softwares gráficos, permitindo aos animadores desenhar, por exemplo, o cenário em uma camada e o personagem em outra, para que depois possam ser fotografados em sobreposição.

QUADRO: imagem estática que, quando em conjunto com outras, pode ser mostrada de maneira sequencial ao longo do tempo, gerando a impressão de movimento.

QUADRO-CHAVE: pose principal que define o início e o fim de um movimento, servindo de referência para os outros quadros que farão a transição suave (interpolação) entre esses dois pontos.

LIVE ACTION: filmes que envolvem a filmagem de pessoas, animais e objetos reais.

Precisamos, portanto, aprender a controlar o tempo e o espaço, responsáveis pela marcação do ritmo, que torna as ações mais convincentes. Isso demanda experimentação e prática, mas com a industrialização da animação e a grande contribuição dos Estúdios Disney – vanguarda do cinema de animação desde o final da década de 1920, tendo sua era de ouro reconhecida nos anos de 1930 –, além de todos os exemplos e métodos diferenciados dos quais temos registro, nosso trabalho pode ser conduzido e produzido com maior confiabilidade e êxito. Para tanto, um bom direcionamento são os *doze princípios da animação*, elaborados pelos animadores Frank Thomas e Ollie Johnston, que vieram a fundamentar as estratégias de design criadas pelos Estúdios Disney, do qual faziam parte, sendo referência para o desenvolvimento de animações expressivas, cativantes e convincentes até hoje.

Como designer que atua no meio digital, compreender os doze princípios propostos pelos animadores clássicos e praticá-los pode nos servir como um guia para explicar melhor o comportamento dos personagens e objetos em cena, com especial enfoque na animação 2D, explorando e exagerando as emoções e expressões, a fim de tornar as ações mais claras. Podemos fazê-lo à mão ou com o auxílio dos softwares de animação que agilizam o processo e trazem praticidade às experimentações. Saber desenhar ajuda, já que o desenho serve como base para boa parte das abordagens e etapas de animação, mas, dependendo das ferramentas, estilo gráfico e método escolhidos, como veremos a seguir, não é essencial para todo o processo, ao passo que ser observador e considerar detalhadamente os movimentos que pretendemos reproduzir é primordial para a composição de uma animação atraente, pois nossa percepção ampara a forma como vemos e assimilamos o mundo, sendo parte da nossa alfabetização visual.

Todos os movimentos, desde os mais simples e comuns, como caminhar ou levantar-se, devem ser analisados considerando-se o peso, a gravidade, a força e o equilíbrio, de acordo com o vocabulário da linguagem corporal que adquirimos com nossas experiências. Com a evolução tecnológica, diversos métodos para captura de movimentos reais e sua reprodução computadorizada surgem a cada dia, possibilitando-nos chegar cada vez mais próximos à realidade com a animação; mas cabe a nós definir o quanto dessa veracidade e o quanto do encanto proposto pelas técnicas tradicionais queremos trazer em cada situação. A produção digital oferece ao animador moderno uma enorme versatilidade quanto ao design, de acordo com a integração ou não de seu produto com outras mídias e conforme o resultado estético pretendido.

Tendo claras essas abordagens, é hora de explorar a técnica e compreender como a magia acontece. Cada um dos doze princípios propostos e utilizados pelos Estúdios Disney nos indica um ponto de atenção e propõe métodos para que a animação se torne uma experiência enriquecedora, melhor e mais fácil de se construir e perceber, aprofundando as emoções dos personagens e expandindo sua capacidade narrativa. Mesmo os objetos rígidos ganham maleabilidade, destacando sua expressividade no contexto da animação e trazendo maior empatia e vivacidade. Qualquer movimento proposto pelo animador em uma cena deve preparar o espectador de suas reais intenções acerca das ações dos personagens e objetos: seus sentimentos, desejos, objetivos e personalidade, mesmo que não haja diálogo ou narração como apoio para se contar uma história.

OS DOZE PRINCÍPIOS DA ANIMAÇÃO

1. COMPRIMIR E ESTICAR

(SQUASH AND STRETCH)

Esse princípio trata das mudanças que qualquer personagem ou objeto sofre ao se movimentar durante uma ação. Para compreendê-lo melhor, pense nas imagens obtidas por uma super câmera lenta, nas quais podemos notar cada deformação ocorrida no instante da ação, o que nossos olhos não conseguem captar na velocidade em que acontecem. **Comprimir e esticar** os objetos dá mais vida à ação, sendo um conceito de suma importância. Devemos utilizar esse recurso nas poses que antecedem o movimento principal, considerando sempre que o volume do objeto deve ser mantido durante as deformações, afinal, não perdemos MASSA quando nos movimentamos. Assim, a pose de compressão achata o objeto como se ele estivesse sofrendo uma grande pressão, enquanto a pose de esticamento mostra o objeto em uma condição de desenho muito estendido.

GLOSSÁRIO

MASSA: conceito da Física que diz respeito à quantidade de matéria de um corpo.

Para reforçar a expressão de surpresa que o personagem sofrerá na ação, utilizamos o princípio de comprimir e esticar.

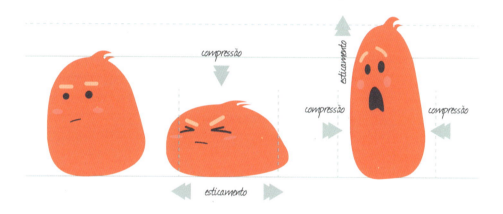

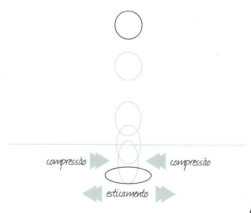

Aplicação do princípio na deformação de uma bola quicando.

2. ANTECIPAÇÃO
(ANTICIPATION)

Na vida real, poucos movimentos ocorrem sem que nos antecipemos a eles para que ganhem mais força, impulso e/ou expressividade. Quando arremessamos uma bola, por exemplo, primeiro movemos o braço para trás, no sentido contrário ao movimento, e depois o projetamos para frente, na direção em que queremos que a bola seja lançada. Em uma animação, isso não é diferente, e precisamos sinalizar de maneira clara, por meio de uma sequência de ações que culminará no movimento principal, o que virá a seguir. Ou seja, preparamos o público com a **antecipação** do movimento até seu ponto de ênfase, o que garantirá a surpresa e a compreensão da ação no desenho animado.

Neste exemplo, o personagem se prepara para a realização de um arremesso, ou seja, antecipa o movimento que está por vir.

3. ENCENAÇÃO
(STAGING)

Esse princípio é usado para chamar a atenção do espectador para o que é mais importante em uma cena. O movimento apresentado deve ser evidente, sem que restem dúvidas acerca do que se quer mostrar. Para tanto, precisamos selecionar o melhor ângulo para determinada ação, além de fazer uso dos recursos visuais, como luzes, cores diferenciadas e enquadramentos, a fim de aumentar o foco de atenção, reforçando os detalhes de maior importância. Todos os elementos de cena devem trabalhar juntos para que a apresentação da ideia seja clara.

Uma forma de pensar em uma boa **encenação** é transformar todos os objetos animados de uma cena em SILHUETAS. Se a ação for compreensível, mesmo sem detalhamento, é sinal de que temos uma boa encenação.

Pense, por exemplo, que é essencial para sua cena que um personagem esteja segurando um objeto. Se esse objeto estiver posicionado em suas mãos, na frente do corpo, sua visão será prejudicada. Mas se mudarmos o ângulo e o mostrarmos na lateral do corpo, ele ganhará destaque e será muito mais evidente, melhorando o contexto geral da ação.

> **GLOSSÁRIO**
>
> **SILHUETA:** nesse contexto, desenho uniforme de um objeto ou pessoa, preenchido apenas com preto sólido, sem nenhum detalhamento interno.

Se a caveira é um objeto importante para a encenação, ela deve ganhar destaque, em vez de ficar "escondida" em meio à cena. Buscando uma boa encenação, precisamos considerar as melhores poses, ângulos, enquadramentos, cenários... Enfim, tudo na cena deve contribuir para que a mensagem seja clara.

4. ANIMAÇÃO DIRETA E POSE A POSE
(STRAIGHT AHEAD ACTION AND POSE TO POSE)

Falamos aqui de dois métodos de animação. No método de **animação direta**, desenhamos um quadro depois do outro, na sequência, como em um flipbook. A ação normalmente fica mais fluida e espontânea, já que o movimento nasce ao longo do processo, mas corremos o risco de o tempo se expandir e a cena ficar mais longa, além de ser mais fácil cometermos erros de distorção e perspectiva, por exemplo, difíceis de serem corrigidos. Esse método só é utilizado na animação 2D.

Na **animação pose a pose**, o animador primeiro planeja a ação do personagem ou objeto, decidindo e desenhando suas poses mais importantes, conhecidas como poses-chave ou quadros-chave, no ambiente digital. Só depois são desenvolvidas as poses intermediárias e se considera a melhor transição entre elas. Com esse método obtemos clareza, pois ele é mais estruturado e objetivo, permitindo, inclusive, que as poses intermediárias sejam animadas por outro animador. Podemos encontrar uma semelhança com esse método quando utilizamos softwares que realizam a interpolação, ou seja, os quadros intermediários entre dois quadros-chave por nós predeterminados, como também no desenvolvimento de storyboards. Entretanto, com o método pose a pose a animação pode perder fluidez e ficar um pouco entrecortada.

Uma boa dica é trabalhar com uma combinação entre as duas técnicas, extraindo o que cada uma tem de melhor e selecionando qual favorece nossos objetivos em cada caso.

ANIMAÇÃO

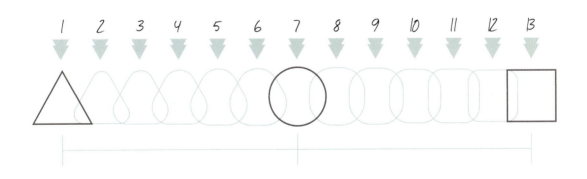

Na animação direta, desenhamos um quadro após o outro, na sequência.

Na animação pose a pose, desenhamos primeiro os quadros principais, como o primeiro e o último representados nessa ilustração, e, só depois, desenhamos os quadros intermediários.

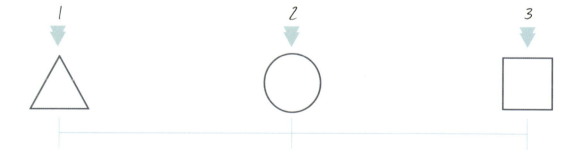

5. CONTINUIDADE E SOBREPOSIÇÃO DA AÇÃO
(FOLLOW THROUGH AND OVERLAPPING ACTION)

Os objetos ou personagens são constituídos por partes distintas, que podem ter pesos e estruturas diferenciados. Assim, suas velocidades e movimentos também serão diversos durante uma ação, de acordo com seu tamanho, peso e características.

A **continuidade** trata da tendência de todo objeto de continuar em seu estado natural de movimento ou repouso, como nos explica a 1ª Lei de Newton ou Lei da Inércia. Por exemplo, se um personagem usa uma saia e tem grandes orelhas, essas partes possuem um tempo diferente de animação, ou seja, existe a sobreposição de ações para garantir uma movimentação mais convincente e, quando o personagem para completamente na cena, essas partes não param abruptamente, mas continuam em seu movimento.

O mesmo ocorre quando imaginamos alguém com cabelos longos virando a cabeça: a ação principal da cabeça e o movimento dos cabelos ocorrem em intervalos de tempo diferentes, determinando ritmos também distintos, e quando a ação da cabeça estagna, os cabelos continuam seu movimento, características que garantem maior realismo às ações.

Os objetos tendem a continuar seu movimento, sem paradas bruscas, ao mesmo tempo em que temos ações subordinadas à principal, como o movimento da pluma, que acompanha o movimento do personagem, mas acontece em um tempo diferente.

6. ACELERAÇÃO E DESACELERAÇÃO
(SLOW IN AND SLOW OUT)

Conhecido em alguns dos principais softwares gráficos de animação como *ease in e ease out* ou *atenuação simples para dentro e atenuação simples para fora,* esse princípio nos faz pensar no tempo da animação como um todo, partindo dos seus extremos e de como se darão os intervalos entre uma pose-chave e outra, a fim de que o movimento seja mais natural.

Geralmente não vemos, em condições normais, um movimento que se mantenha contínuo do início ao fim. Os objetos **aceleram** ou **desaceleram** nos extremos de cada ação. Dessa forma, para conseguirmos uma ação mais lenta e relaxada, adicionamos mais desenhos ou poses de passagem à nossa animação, ao passo que podemos acelerá-la reduzindo o número de desenhos e aumentando, consequentemente, sua velocidade.

Mais desenhos deixam a animação mais lenta, enquanto menos desenhos deixam a animação mais rápida. Assim, na representação, a bolinha ganha velocidade no início e perde no final da animação.

7. MOVIMENTO EM ARCO
(ARC)

A maioria das ações traça **arcos**. Geralmente os movimentos são executados em uma trajetória que descreve movimentos mais circulares ou em arco. Intervalos feitos fora do arco quebram o movimento radicalmente, causando estranheza e ações rígidas, com aparência mecânica. Sem arcos em sua trajetória, a animação não flui, perde suavidade e naturalidade; a menos, é claro, que estejamos animando algo que se desloca em linha reta. Para esclarecer, tente pensar no movimento de uma bola quicando ao longo do espaço: ao invés de delinear movimentos em linha reta, ela se deslocará por meio de arcos. O mesmo acontece quando imaginamos um pêndulo de um relógio.

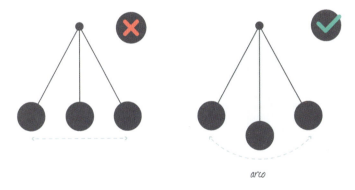

Sem o uso dos arcos, é como se o fio do pêndulo encolhesse no centro.

O uso de arcos nas ações garante um movimento mais fluido e semelhante ao real.

8. AÇÃO SECUNDÁRIA

(SECONDARY ACTION)

A **ação secundária** tem por base reforçar a ideia apresentada em uma cena. Trata-se de uma ação subordinada à ação principal, existindo para enfatizar a mensagem que queremos transmitir.

Pense, por exemplo, nas expressões faciais que utilizamos para destacar a força realizada por um personagem ao levantar um peso; no movimento que o corpo de um personagem realiza enquanto cavalga, na dependência do movimento do animal; na presença de carros em deslocamento no trânsito enquanto um personagem bêbado tenta atravessar a rua, aumentando a percepção de perigo na cena, entre outros.

A ação principal da cena, ou seja, a tristeza do personagem, pode ser enfatizada se adicionarmos outros elementos e ações secundárias, como lágrimas escorrendo e o lenço e as mãos sendo levadas aos olhos.

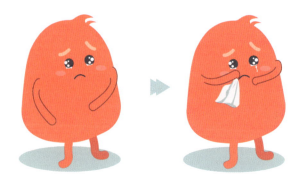

9. TEMPORIZAÇÃO

(TIMING)

Refere-se ao controle do tempo dos movimentos, sendo essencial para que pareçam reais. Esse princípio tem a ver com a quantidade de quadros ou poses que utilizamos em determinado espaço de tempo para a composição de uma ação, e com a maneira como os distribuímos para representar realisticamente uma cena, atingindo o efeito desejado na animação, dando-lhe personalidade e tornando-a natural.

A **temporização** pode ser alterada para realçar uma emoção, como quando optamos por mostrar uma queda em "câmera lenta", por exemplo, aumentando o número de desenhos para detalhar e evidenciar a ação; ou para que os personagens se movam de acordo com suas características físicas e psíquicas, verdadeiramente interpretando suas condições, como um personagem idoso com dificuldade de caminhar, cujo movimento deve ser mais pesado e lento, diferentemente do caminhar leve de uma criança ou do deslocamento fluido de uma bailarina.

Temporização é, portanto, um conceito estrutural essencial, usado amplamente para ajudar a compor os personagens e suas ações. Mas, em contrapartida, talvez seja um dos conceitos mais difíceis de se aplicar, exigindo do animador muita observação e estudo do movimento, a fim de que apure sua percepção para as nuances de cada gesto e consiga reproduzi-las em seus personagens, intensificando suas particularidades.

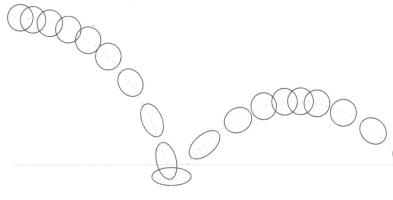

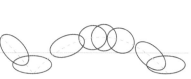

No clássico movimento de uma bolinha pulando enquanto se desloca pelo espaço, podemos observar princípios como comprimir e esticar, aceleração e desaceleração, temporização e movimento em arco. Destacando a temporização, podemos notar que, quando a bolinha está em uma curva ascendente, temos mais desenhos, ou seja, para que o movimento aparente maior naturalidade, ele precisa ser mais lento nesses momentos do que quando a bolinha cai, descrevendo uma linha descendente. Isso acontece porque temos a ação da força da gravidade, que empurra os objetos para baixo.

10. EXAGERO

(EXAGGERATION)

Essencial para uma comunicação clara e contundente, o uso do **exagero** é fundamental na animação. Ele deve ser utilizado nas expressões e movimentos, para que não restem dúvidas quanto ao clima da cena e às ações descritas pelos personagens.

Os movimentos devem ser fiéis aos da vida real, sendo, entretanto, aumentados de maneira mais extrema, para obtermos resultados de maior impacto.

A fim de enfatizar o movimento e deixá-lo mais claro e expressivo, capriche no exagero. Veja como a segunda opção reforça a ação de cantar do personagem.

ANIMAÇÃO   123

11. DESENHO VOLUMÉTRICO
(SOLID DRAWING)

Diz respeito à volumetria dos objetos. Precisamos nos atentar aos desenhos e observar se eles possuem peso, profundidade e equilíbrio na cena, trazendo tridimensionalidade ao espaço 2D, para que sejam adequadamente interpretados. Precisamos evitar, ainda, que os personagens sejam totalmente simétricos, o que tiraria sua naturalidade e os tornaria enfadonhos. Isso pode ser obtido com o uso de perspectiva e de poses mais dinâmicas, que insinuem uma linha de ação, para a composição de um desenho volumétrico.

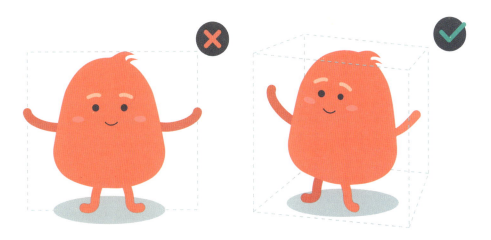

Em vez de considerar apenas a largura e a altura dos objetos e personagens, precisamos considerar sua volumetria, trazendo tridimensionalidade ao espaço 2D.

12. APELO
(APPEAL)

Quando falamos de **apelo** estamos tratando do design de um movimento atraente, que seja natural, fluido e que chame a atenção, comunicando com simplicidade e encantamento, a fim de transmitir uma mensagem de forma clara, emotiva e interessante ao público.

A comunicação visual dos personagens, ou seja, a utilização dos princípios do design a favor da animação, pode contribuir para que eles tenham carisma e apelo junto ao espectador, mas, para que seu design realmente funcione, ele deve ser reforçado por ações que retratem sua personalidade, cativando o público por conta de um todo agradável. Quando pensamos nos movimentos de um bebê, por exemplo, podemos imaginar movimentos mais descompromissados – uma vez que um bebê ainda não tem domínio total de seu corpo –, mas que descrevem arcos para torná-los mais graciosos. Em contrapartida, ao imaginarmos um personagem mais pesado e forte, como um lutador em ação, podemos enfatizar suas características com movimentos mais precisos e diretos, destacando sua força e objetividade; ou seja, em resumo, o apelo trata das características que os espectadores gostariam de ver na composição de um personagem, de tudo aquilo que causa magnetismo e contribui para o design do todo.

O desenho simples,
a pose caricata, a simpatia, a insinuação do movimento. Tudo contribui para a composição do apelo visual.

Os princípios da animação, portanto, facilitaram o processo de trabalho e criaram regras que até hoje servem aos animadores como esquemas estruturais para gerar movimentos mais fluidos e convincentes, que podem ser aplicados por qualquer animador, independentemente do método escolhido ou necessário para um determinado trabalho.

Existem diversas técnicas de animação à nossa disposição, esperando para dar vida aos mais diversos tipos de gráficos e produtos digitais. Cabe a nós, enquanto designers digitais, reconhecer potenciais e necessidades, a fim de propor a melhor escolha para cada tipo de projeto. Lembrando que a animação pode ser um produto com um fim em si mesma, mas também pode agregar valor à mensagem, integrando outros tipos de projetos, como games, sites, aplicativos, videográficos e vinhetas animadas, entre outros.

ANIMAÇÃO CLÁSSICA

A animação clássica ou tradicional, como também é conhecida, é uma das técnicas mais antigas, que consiste na ilustração quadro a quadro do movimento. Esse processo se assemelha ao do flipbook, em que o animador faz um desenho por folha, com base no desenho da folha anterior, a fim de modificar o desenho subsequente.

Essa técnica exige um bom domínio do desenho e uma incansável exploração de cada pose para assemelhá-la ao movimento real, pois o desenho todo deve ser refeito a cada folha. Para tanto, os animadores podem fazer uso de mesas de luz para criar suas sequências, facilitando a visualização dos quadros anteriores. Essa animação tradicionalmente faz uso de 12 FPS para as ações gerais e 24 FPS para ações que exigem maior rapidez e fluidez no movimento.

SAIBA MAIS

A descrição detalhada dos princípios da animação e seu desenvolvimento pelos Estúdios Disney pode ser encontrada no livro *The illusion of life: Disney animation*, de Frank Thomas e Ollie Johnston. Para um estudo aprofundado das técnicas de animação clássica, confira essa publicação.

ATIVIDADE >>

Que tal praticar um pouco? Escolha o software de animação digital de sua preferência e aplique cada um dos doze princípios em pequenas animações. Use um quadrado como personagem e você perceberá como mesmo o personagem mais simples pode ser cativante e expressivo, quando animado adequadamente.

SAIBA MAIS

Para saber mais sobre os detalhes da animação clássica, com dicas profissionais de cada etapa de produção, recomendamos a leitura do livro *Manual de animação*, de Richard Williams.

Um método bastante utilizado na animação tradicional é a **rotoscopia**, inventada por Max Fleischer, em 1915. Nesse método, a animação é criada a partir de desenhos quadro a quadro feitos sobre uma ação filmada com atores reais. O resultado é um desenho feito à mão com o estilo gráfico determinado pelo animador, mas com movimento incrivelmente realista.

ANIMAÇÃO DIGITAL 2D

O desenvolvimento tecnológico e a computação gráfica ofereceram aos animadores um mundo repleto de possibilidades, e novos softwares e ferramentas trouxeram ao processo de animação um grande ganho em termos de produtividade, revelando ser o meio digital suficiente para a produção de um conteúdo completo. Com o acesso à tecnologia e com a possibilidade quase ilimitada de experimentações que resultam nas mais diversificadas estéticas, os animadores podem testar e mesclar linguagens e técnicas, das mais tradicionais às mais digitalizadas. O surgimento de novos cursos em animação 2D estimula o interesse de mais e mais pessoas por esse tipo de animação, um dos mais difundidos na atualidade.

Os softwares de animação digital 2D mais populares são baseados em imagens vetoriais (detalhadas na Introdução), e possibilitam que o animador trabalhe em um processo próximo ao da animação tradicional, em um ambiente bidimensional, ou seja, com as dimensões de largura e altura (semelhante a uma folha de papel), com a vantagem de poder copiar o desenho do quadro anterior com apenas um clique, alterando só o necessário, em vez de ter de desenhar a pose completa novamente. Além disso, esses softwares trazem recursos que dispensam a necessidade do desenho quadro a quadro, facilitando enormemente o processo. O recurso de *interpolação* permite que o animador desenhe e posicione apenas os quadros-chave, ou seja, que se preocupe só com as poses principais e utilize o software para a intervalação desses quadros, o que funciona muito bem para movimentos simples, como uma deformação básica, alteração de tamanho, opacidade ou posicionamento, por exemplo, além de trazer diversas outras ferramentas que agilizam o processo e eximem o animador da obrigação de ser um bom ilustrador, democratizando a animação. A animação de recorte ou *cut-out*, por exemplo, a mais utilizada nessa técnica, permite que o animador utilize apenas um desenho do personagem e consiga animá-lo por partes, recortando-o em pedaços e trabalhando com cada movimento individualmente.

ANIMAÇÃO DIGITAL 3D

A animação 3D tem ganhado cada vez mais destaque, especialmente nos filmes de circuito cinematográfico hollywoodiano e nos games desenvolvidos para os consoles e dispositivos mais populares. É importante ressaltar que o uso da animação 3D no cinema não se limita aos filmes dessa categoria, sendo hoje um recurso bastante utilizado para a criação de ambientes virtuais, maquetes eletrônicas, filmes publicitários e efeitos especiais em filmes de live action.

O desenvolvimento tecnológico permitiu a criação de ferramentas que fazem com que a cada dia os gráficos tridimensionais gerados pelos computadores possam ser mais fiéis à realidade, trazendo uma veracidade nos detalhes e movimentos nunca antes vista.

O funcionamento da animação 3D é um capítulo à parte e requer que o profissional entenda e adquira outras habilidades

GLOSSÁRIO

HIPER-REALISMO: derivado do fotorrealismo, teve sua origem na segunda metade do século XX. A diferença em relação ao fotorrealismo está no maior detalhamento dos objetos e personagens, e na alta definição da imagem, que torna os elementos representados aparentemente mais perfeitos, superando as imperfeições da realidade.

SAIBA MAIS

Para conhecer um pouco sobre a história de Georges Méliès, mesmo que de maneira romantizada, assista ao filme *A invenção de Hugo Cabret*, de 2011, com direção de Martin Scorsese. Outra sugestão é o clássico *Viagem à Lua*, de 1902, filme mais conhecido e icônico do ilusionista francês, no qual podemos observar o emprego do stop motion.

que vão além do domínio dos princípios da animação, também indispensáveis nessa técnica. No ambiente 3D, temos a adição da profundidade às dimensões de largura e altura do ambiente bidimensional, que exige a criação de personagens, objetos e cenários em softwares específicos, utilizando técnicas de modelagem de objetos orgânicos e inorgânicos.

Essas animações são extremamente elaboradas e fazem interface com softwares de games e de pós-produção de vídeo, com a finalidade de simular ambientes realistas ou ficcionais de **HIPER-REALISMO**.

STOP MOTION

O stop motion é uma técnica muito próxima à da animação tradicional. A diferença está na natureza do conteúdo dos quadros: em vez de se desenhar cada pose, são utilizadas fotografias de objetos, personagens e cenários reais, que, dispostas em sequência, trazem a ilusão do movimento.

Para a criação de um stop motion podem ser utilizados diversos tipos de materiais, desde escolhas mais simples como massinha, objetos do cotidiano, papel, entre outras, até a confecção de bonecos com esqueletos articulados e cenários realistas, normalmente construídos em menor escala; fazendo do stop motion uma técnica muito democrática, que pode ser trabalhada por todos aqueles que possuem interesse no tema, mesmo sem qualquer familiaridade com o desenho. Em uma produção cinematográfica, por exemplo, os cenários são construídos e recebem o mesmo tratamento de iluminação e posicionamento de câmeras de um filme com atores reais.

Essa técnica remonta aos primórdios do cinema, quando o mágico e ilusionista francês Georges Méliès viu nela a possibilidade de aprimorar seus truques que tanto encantavam a plateia, e passou a adotá-la em seus filmes. Antes do desenvolvimento da computação gráfica, o stop motion foi bastante utilizado para a criação de efeitos especiais no cinema.

Exemplo de criação e desenvolvimento de bonecos de massinha para animação stop motion, por Leandro Rodrigues Mendes Costa.

ATIVIDADE >>

Selecione alguns materiais que você tem à disposição e pense em uma pequena história. Você pode utilizar lápis ou canetas coloridas, dobraduras, origamis, post-its, bonecos, massinha ou quaisquer outros objetos que sua imaginação e criatividade permitirem. Para auxiliá-lo no planejamento, você pode criar um storyboard. Posicione uma câmera ou seu próprio celular de forma que ele se mantenha fixo durante o processo – se possível, use um tripé. Agora, mãos à obra! Ordene os objetos no enquadramento desejado e faça a primeira foto. Antes da próxima foto, faça pequenas alterações de posicionamento nos objetos, e assim sucessivamente, até o final de sua história. Depois, é só utilizar o software à sua escolha para colocar as fotos em sequência e gerar um filme ou gif animado. Também existem diversas ferramentas on-line e gratuitas que permitem essa montagem. Experimente!

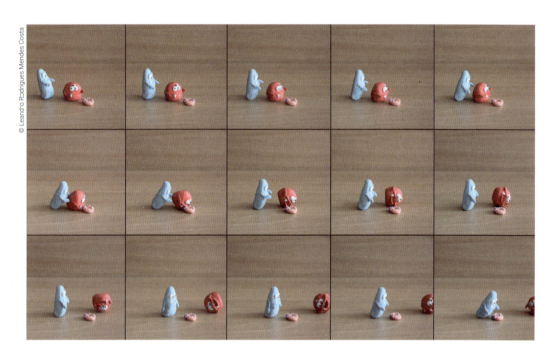

Sequência de imagens para produção de stop motion.

ETAPAS DE PRODUÇÃO

Os métodos de produção podem variar de acordo com os estúdios e tipos de animação, mas as etapas gerais se assemelham, independentemente da técnica escolhida para o projeto. De acordo com tudo o que foi visto, percebemos que seu processo de criação e desenvolvimento é longo, e demanda paciência e dedicação. É possível criarmos pequenas animações para compor outros produtos ou até mesmo curtas-metragens sozinhos; mas, geralmente, as animações de maior porte ou complexidade são desenvolvidas em equipe. Em ambos os casos, é importante que conheçamos cada uma das etapas principais de produção, já que nos cabe, enquanto designers digitais, avaliar a viabilidade de uma animação em um projeto ou como a própria solução para o problema que nos foi apresentado.

Podemos dividir as etapas de produção em três grandes fases: pré-produção, produção e pós-produção, estando cientes de que podem ocorrer algumas variações entre os processos de trabalho de diferentes estúdios, de país para país, de acordo com as necessidades específicas de cada projeto, técnica ou resultado pretendido, e até mesmo se considerarmos as particularidades no fluxo de desenvolvimento dos profissionais envolvidos.

PRÉ-PRODUÇÃO

Na fase de pré-produção, trabalhamos de forma semelhante à criação de um filme live action, já que uma animação também é, na essência, um produto audiovisual. Identificado o problema ou a mensagem que desejamos transmitir e o público com o qual vamos interagir, precisamos nos dedicar à história que será narrada e aos personagens que vão vivê-la, para encontrar a melhor maneira de contá-la. Para tanto, existem documentos que podem nos auxiliar e normalmente são empregados nesse processo. Em algumas situações, não é necessário participar dessa etapa ou pelo menos não de sua totalidade, pois já recebemos a documentação pronta ou parte dela.

Tendo uma ideia da história que será contada, utilizamos um documento conhecido como *ficha de personagem,* para criar todos os detalhes físicos e psíquicos do personagem que traremos à vida, imaginar situações anteriores que justifiquem suas atitudes, criem empatia com o público e lhe deem maior profundidade psicológica e veracidade. Além disso, esse documento guiará todo o processo de design desse personagem, auxiliando o ilustrador nas escolhas de formas e cores que melhor contribuirão para a história, deixando suas ações e personalidade mais claras e convincentes. Esse documento pode conter algumas variações, mais ou menos campos, dependendo do estúdio consultado e do tipo de trabalho que será desenvolvido, mas, no geral, possuem itens bastante semelhantes. Segue uma sugestão de ficha de personagem:

FICHA DE PERSONAGEM

NOME:

ESPÉCIE (ALIEN, MONSTRO, HUMANO, ROBÔ, ZUMBI, ANIMAL...):

CATEGORIA (ESTUDANTE, EXPLORADOR, MÚSICO DE UMA BANDA, NERD...):

ARQUÉTIPO (PROTAGONISTA, VILÃO, ESCUDEIRO...):

APARÊNCIA:

IDADE:

O QUE MAIS SE NOTA NELE É:

SE PREOCUPA COM:

GOSTA DE:

NÃO GOSTA DE:

TEM MEDO DE:

QUANDO ERA MAIS JOVEM...

SUA PESSOA/COISA FAVORITA É:

ELE/ELA SEMPRE...

UMA VEZ...

NOTAS EXTRAS:

Outro documento de suma importância e necessário para o bom andamento do projeto como um todo é o *roteiro*. Por meio dele, passamos para o papel a história em todos os seus detalhes, desenvolvendo uma espécie de guia para os profissionais que trabalharão na animação. O roteiro permite que os projetos audiovisuais caminhem seguindo um bom fluxo de trabalho na fase de produção, evitando equívocos e desperdícios, e garantindo uma boa narrativa. Existem diversos métodos para criação do roteiro de um filme de animação. Podemos trabalhar com o modelo mais tradicional, com base nas descrições detalhadas de cada **CENA** ou **SEQUÊNCIA** e diálogos escritos, ou por meio de um processo de visualização de esboços contínuos, conhecido como storyboard – já abordado na página 88 e mais adiante nas páginas 134, 135 e 142 –, sendo ambos documentos que passam por diversas revisões e versões e que podem ser complementares, trabalhando em conjunto em boa parte dos casos.

A direção de arte, bem como o desenvolvimento das artes conceituais que indicarão os estilos de traço e pintura e a paleta de cores que determinarão o tratamento gráfico e todo o clima da animação, também ocorre na fase de pré-produção. Para auxiliar nesse processo, uma boa pesquisa de referências visuais é imprescindível. Crie um *painel semântico* ou mood board com ideias que se assemelhem ao resultado visual que pretende atingir, considerando sempre os princípios do design para garantir uma transmissão clara e coesa da mensagem por meio das cores e formas dos personagens, cenários e objetos. Pesquise a fundo os locais e épocas que pretende retratar, caso façam referência a ambientes reais, períodos históricos ou culturas existentes, pois esses estudos trarão uma boa bagagem para o processo criativo e serão de grande valor para o desenvolvimento das artes finais e de uma animação mais convincente.

GLOSSÁRIO

CENA: conjunto de planos que acontecem na mesma locação e no mesmo momento.

SEQUÊNCIA: conjunto de planos (ou cenas) que estão interligados pela narrativa. O lugar ou locação pode variar, mas a ação tem continuidade lógica.

SAIBA MAIS

No capítulo "Audiovisual", você encontra um modelo de roteiro que pode ser adaptado para animações. Utilize o mesmo site indicado para treinar.

> **GLOSSÁRIO**
>
> **MODEL SHEET:** série de desenhos que define as dimensões, proporções e a construção do design geral de um personagem animado, considerando diversas perspectivas, como seu desenho frontal, ¾ de frente, de perfil, ¾ de costas e totalmente de costas, além de incluir estudos de detalhes do rosto, mãos, pés, expressões faciais e corporais, etc., o que permite que vários ilustradores e animadores trabalhem em conjunto no mesmo projeto, sem perder sua uniformidade e coerência visual.

Aqui são definidos os **MODEL SHEETS** dos personagens, estudos de movimentação e expressões corporais e faciais, comparativos de tamanhos e proporções entre personagens e objetos e as ilustrações referenciais de cenários, ou seja, os desenhos que servirão de base para todo o filme animado e os profissionais responsáveis pelas ilustrações e animação, a fim de manter as proporções e coerência visual do filme.

Retomando o storyboard e reconhecendo-o como uma série de desenhos que ilustra e apoia a força da narrativa por meio das escolhas de ângulos, planos e enquadramentos, percebemos que ele também auxilia de maneira determinante na definição do visual do filme, facilitando os testes de distribuição dos elementos em uma cena, como o posicionamento

Model sheet de personagem para animação.

de personagens e objetos, visando uma melhor leitura das ações e composição geral, e indicando para os animadores como uma sequência de eventos deverá acontecer. No geral, os storyboards são compostos por desenhos simplificados, exatamente para permitir a experimentação e testes cabíveis à etapa, mas que contêm a essência da ação que deverá ocorrer, permitindo a marcação de diálogos e de movimentações de câmera, personagens e objetos; servindo para analisá-los como um todo e para avaliar a clareza da narração dos eventos e encenação, em busca do melhor **LAYOUT**. Em conjunto com o animatic, uma espécie de versão animada que permite a sincronização dos sons e os testes referentes ao tempo de cada ação, o storyboard servirá de referência durante toda a produção, sendo um bom alicerce para o entendimento do filme e a organização dos conteúdos que precisarão ser produzidos.

Caso haja diálogos entre os personagens ou narração em algum trecho da animação, é necessário ainda que se faça a gravação dos vocais, que já pode ser utilizada para a marcação de tempo no animatic e que será imprescindível para, na fase de produção, ser feita a animação de *lipsync*, ou seja, a sincronia labial dos personagens de acordo com suas falas.

> **GLOSSÁRIO**
>
> **LAYOUT:** para a animação, os layouts podem ser compreendidos como as composições finais que mostram como um determinado enquadramento aparecerá no filme, com a função de posicionar os personagens e os objetos no quadro (staging), respeitando as regras de composição cinematográfica ou de fotografia, a continuidade e a coesão da narrativa. A função do layout é, portanto, reforçar para o público o que a história e os personagens desejam contar.

Exemplos de storyboard
para animação.

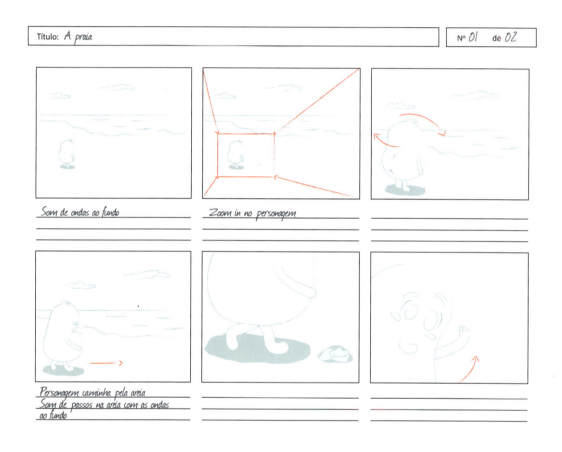

ANIMAÇÃO

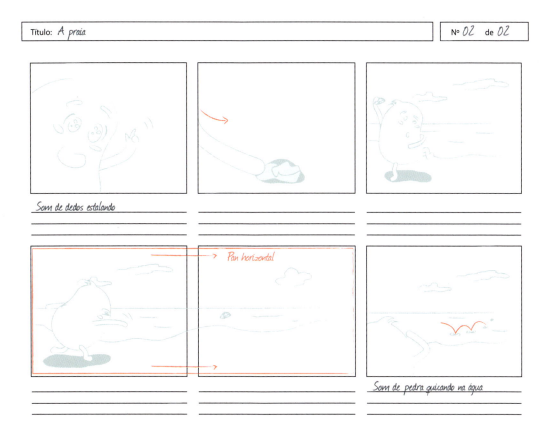

> **SAIBA MAIS**
>
> Para mais informações sobre a ficha de animação e seus usos, consulte o livro *Manual de animação*, de Richard Williams.

PRODUÇÃO

Na etapa de produção, dedicamo-nos à animação. Sendo assim, provavelmente, esta será a fase mais longa e trabalhosa do desenvolvimento de um filme animado. Entretanto, se as etapas compreendidas na pré-produção tiverem sido concluídas e bem executadas, o risco de falhas e desperdício de tempo e de trabalho nesse estágio será muito reduzido.

Normalmente, nesta fase, um grupo de artistas e animadores fica responsável pelas animações e artes finais dos cenários, enquanto outro se dedica aos personagens e seus movimentos. Todo o processo é sempre acompanhado pelo diretor de animação, que verificará a todo momento a fluidez dos movimentos e a evolução de tempo das cenas. Assim, é nessa etapa que verificamos a criação final dos cenários, personagens, colorização, sombreamento e composição de imagens. Dependendo das escolhas estéticas e técnicas da animação, esses métodos podem variar em quantidade, sequência e complexidade de execução, para obtenção da melhor interpretação dos movimentos e sequência narrativa da história.

Durante a produção de animações clássicas, muitos estúdios se utilizam de um instrumento conhecido como *ficha de animação*, uma ferramenta de planejamento para animadores que facilita e permite a rápida visualização de todas as ações e sons que comporão o produto final, decompondo-os por quadros e demonstrando de maneira visual a duração de cada desenho. Dessa forma, a ficha de animação auxilia toda a equipe, permitindo que os profissionais tenham acesso às instruções de animação de todas as camadas, ou seja, de todos os planos, objetos e personagens que compõem cada sequência.

Depois, partimos para a montagem, quando a composição, ou seja, o layout final das cenas, é implementada, com a inserção de objetos e de personagens nos seus respectivos cenários.

PÓS-PRODUÇÃO

Iniciamos a etapa de pós-produção com a composição final do filme, ou seja, conferimos, cortamos e rearranjamos todas as cenas, colocando-as em ordem na edição final, a fim de ajustar o tempo e a narrativa de acordo com o roteiro. Verificamos a necessidade de inserção de efeitos visuais e transições entre as cenas, e trabalhamos a correção de cores e iluminação, responsáveis por determinar o acabamento visual do filme, com o tratamento e estilização das linhas, a adição de texturas, focos e desfoques e o processo de **COLOUR GRADING**, que auxiliará na composição da identidade final da animação. Além disso, são incorporados os arquivos de áudio com os efeitos e a edição de falas, e é adicionada a trilha sonora, que auxiliarão na ambientação geral da animação, para então ser realizada a mixagem sonora final.

Na finalização da animação, adicionamos o título e os créditos e geramos o arquivo-matriz, que dará origem aos formatos finais para exibição, dependendo das características e necessidades de cada projeto.

A pós-produção trata ainda das etapas de distribuição do produto audiovisual. Caso sua animação integre um outro produto, essa fase se dará na conclusão total do projeto e dependerá de sua finalidade. Na maioria das vezes, você não será o responsável por essa etapa, que será trabalhada no planejamento desenvolvido por uma equipe de marketing, geralmente sob a responsabilidade de um distribuidor. Entretanto,

---

GLOSSÁRIO

COLOUR GRADING: processo que sucede a correção de cores na pós-produção de um produto audiovisual, determinando sua narrativa de cores e garantindo a identidade própria da produção.

caso você produza um curta de animação independente, por exemplo, essa fase pode compreender a procura por festivais e a inscrição do seu projeto para exibição pública. Para a divulgação de um filme de animação podem ser criados fôlderes, cartazes, trailers, banners, sites promocionais, entre outras peças, além de serem consideradas entrevistas, matérias na imprensa geral e quaisquer outras formas que permitam ao público entrar em contato com sua animação.

Panorama geral do fluxo de trabalho para desenvolvimento de uma animação.

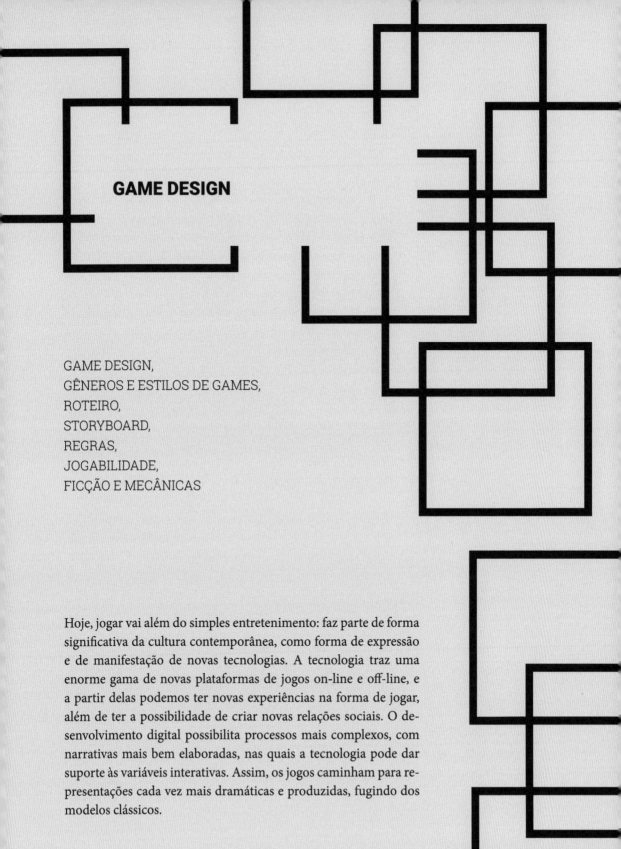

GAME DESIGN

GAME DESIGN,
GÊNEROS E ESTILOS DE GAMES,
ROTEIRO,
STORYBOARD,
REGRAS,
JOGABILIDADE,
FICÇÃO E MECÂNICAS

Hoje, jogar vai além do simples entretenimento: faz parte de forma significativa da cultura contemporânea, como forma de expressão e de manifestação de novas tecnologias. A tecnologia traz uma enorme gama de novas plataformas de jogos on-line e off-line, e a partir delas podemos ter novas experiências na forma de jogar, além de ter a possibilidade de criar novas relações sociais. O desenvolvimento digital possibilita processos mais complexos, com narrativas mais bem elaboradas, nas quais a tecnologia pode dar suporte às variáveis interativas. Assim, os jogos caminham para representações cada vez mais dramáticas e produzidas, fugindo dos modelos clássicos.

SAIBA MAIS

No capítulo "Audiovisual" você encontra um modelo de roteiro que pode ser adaptado para games. Utilize esse mesmo site indicado para treinar.

Se quiser aprender mais sobre como criar uma história atraente, leia o livro *A jornada do escritor*, de Christopher Vogler.

O game design está presente no desenvolvimento de qualquer jogo eletrônico, envolvendo desde a concepção e criação até a implementação do game que está sendo trabalhado. O game designer é responsável por dar vida ao projeto, além de coordenar como as outras áreas – de programação, arte, sonoplastia e marketing – podem se relacionar para o sucesso do game. Sua responsabilidade é cuidar de todo o planejamento das interfaces, da interatividade, do enredo e das mecânicas envolvidas na elaboração do game. Em outras palavras: é esse profissional quem deverá pensar em formas de tornar o game divertido, engajador e interessante para o público.

COMO OS JOGOS SÃO DESENVOLVIDOS

Um jogo passa por diversas etapas antes de ser de fato elaborado, sendo muitas delas parte do processo de game design. Vamos conhecer como um game é produzido?

ROTEIRO

Um game também é uma forma de contar histórias. Assim como um livro ou um filme, para que essa história seja consistente e assertiva é necessário que haja um roteirista; caso contrário, seu jogo pode não agradar muito. O roteirista trabalha junto ao produtor na montagem do roteiro, e sua principal preocupação é criar um enredo com começo, meio e fim, que possibilite surpresas e questionamentos durante seu desenrolar, com personagens de perfis bem delineados, que permitam a empatia e o envolvimento com o público a fim de cativá-lo.

Infográfico da jornada do herói.

STORYBOARD

O desenvolvimento de um game envolve uma equipe com designers, ilustradores, animadores e programadores. Nesse contexto, o storyboard se destaca como uma ferramenta que auxilia a equipe a entender visualmente como as animações, as ações e o conceito visual devem ser produzidos.

Storyboard do game
Aedes Destroyer.

DESIGN DE PERSONAGENS

Os personagens são criados antes da produção do game. Esta é a etapa em que cada um ganha vida, e suas personalidades, trejeitos e funções na narrativa são elencados e desenhados: modelos de roupas, paleta de cores e estudos de movimentos, além da criação do concept art, uma compilação de ilustrações artísticas contendo um determinado estilo gráfico, de acordo com o projeto. No capítulo "Animação" você encontra um exemplo de ficha de personagem que também pode ser utilizado aqui.

Concept de personagem
do game *Aedes Destroyer*.

DESIGN DE CENÁRIOS

Além da definição da estética e das cores utilizadas, é necessário pensar nos planos de sequência e em como as telas se conectam e ajudam a contar a história do game. Aqui, se faz necessária uma boa comunicação com o designer de interface para elencar onde os objetos de cena estarão dispostos, considerando como o jogador vai interagir com esses objetos e como eles poderão se destacar na cena.

Cenário para o game
Aedes Destroyer.

DESIGN DE INTERFACE

Aqui será desenvolvido todo o conjunto de símbolos e ícones utilizados na tela, principalmente para orientar o jogador durante o jogo, com elementos como: barra de energia, número de vidas, contador de tempo ou passos, itens, entre outras informações relevantes. Também é necessário que se defina como essas interfaces se sobrepõem aos cenários, sem interferir na jogabilidade, informando de maneira clara, mas sem tirar o foco das ações principais.

Elementos de interface
do game *Aedes Destroyer*.

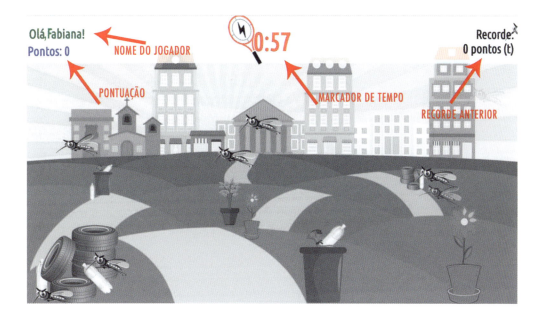

ANIMAÇÕES

De acordo com o roteiro, as animações são realizadas para atender a algumas demandas, que podem variar em cada jogo. Elas podem compor a abertura do game, o game over, seu fechamento ou finalização, telas de transição entre jogadas ou transições entre fases, também conhecidas como *cutscenes* – animações com importância narrativa e que muitas vezes auxiliam na continuidade das ações, determinando momentos em que o jogador pode fazer uma pausa na interação e se conectar com a história –, e o próprio movimento dos personagens e efeitos visuais.

CODIFICAÇÃO/PROGRAMAÇÃO

Por trás de toda a parte visual existe uma programação que é responsável pela interatividade e pelas sequências de ações. Em um game, essa programação tem papel fundamental, pois define todos os limites e possibilidades, permitindo colocar as regras e todo o planejamento acerca da mecânica e interatividade em prática, aliando-os ao visual desenvolvido. Ela deve ser bem construída para que o jogador tenha fluidez no processo de jogar, as respostas devem ser rápidas e os limites precisam ser claros e objetivos. Por isso, é preciso pensar desde o início do game design qual o tipo de linguagem de programação ou código e estilo de jogo serão adotados.

TESTES

Os games devem ser testados arduamente para que se verifiquem falhas, problemas narrativos ou de continuidade. Também deve ser permitida a coleta de sugestões dos usuários, que otimizam os games durante esse processo. Os testadores, ou game testers, geralmente avaliam uma versão que chamamos de "alfa", sendo apenas uma parcial do jogo completo, onde é possível se observar as principais mecânicas e funcionalidades. Posteriormente, o jogo é testado em sua completude, em uma nova versão chamada "beta".

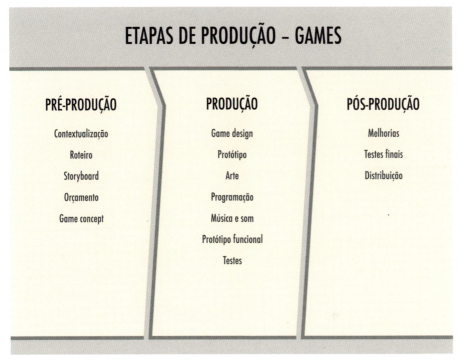

Fluxo de trabalho em games.

CLASSIFICAÇÃO DOS JOGOS

Um sistema de classificação de conteúdo de games é um sistema usado para a classificação em grupos relacionados com uma determinada conveniência. Os jogos podem ter classificação etária, de gênero ou de estilo, por exemplo. No que diz respeito à classificação dos games, não há consenso na literatura, coexistindo diversas categorizações que consideram critérios distintos.

Em geral, a classificação dos games é realizada a partir do agrupamento das características que apresentam, contendo critérios similares. Entre as características e os critérios mais comuns, podemos citar o objetivo do game, o contexto no qual se insere o jogador e a forma como o jogador conduz o personagem e interage com o ambiente.

PRINCIPAIS GÊNEROS E SUBGÊNEROS

1. Ação

O gênero de ação é um dos mais produzidos e com maiores opções de subgêneros. Nele, o jogador participa de uma aventura repleta de desafios e necessita ter habilidades de controle em relação ao tempo, o que exige concentração, coordenação motora e rapidez de pensamento.

SAIBA MAIS

God of war é um exemplo de jogo de ação/aventura, lançado em 2005, pela Sony Computer Entertainment. O foco central da história é o personagem Kratos, um guerreiro espartano que se revolta com os deuses, após ser enganado e levado a matar sua família.

1.1. Aventura de ação

Esse subgênero se caracteriza pela resolução de quebra-cabeças, exploração dos ambientes e desafios com objetivos baseados em uma narrativa muitas vezes mais longa, na qual o jogador coleciona itens e os utiliza para conseguir avançar nas fases e na resolução dos problemas.

1.2. Ação arcade

Podemos considerar dentro desse subgênero qualquer jogo que apresente as características dos primeiros jogos de arcade, conhecidos aqui no Brasil como fliperamas, em que o principal desafio é alcançar a maior pontuação no menor tempo em cada fase, com um **GAMEPLAY** mais acelerado e constante.

1.3. Plataforma

O subgênero plataforma apresenta geralmente um personagem bem caracterizado que pode se mover pelo jogo, normalmente, pulando e rolando a partir de um ambiente de "plataformas", ou seja, de terrenos em vários níveis, onde ainda pode atirar ou lutar com inimigos.

1.4. Luta

Nesse subgênero, os jogos apresentam dois ou mais personagens com poderes especiais que se enfrentam com golpes em um ambiente de arena.

GLOSSÁRIO

GAMEPLAY: é a união de todos os elementos do jogo em funcionamento, para que todas as experiências de um jogador durante a sua interação com o sistema do jogo funcionem adequadamente.

SAIBA MAIS

Sonic origins é um exemplo de jogo de plataforma, lançado em 1991, pela Sega. O objetivo do jogo é passar por diversos mundos, recolhendo medalhas, até chegar à batalha final com o vilão, Robotnik.

Mortal kombat é um exemplo de jogo de luta, lançado em 1995, pela Midway Games. O objetivo do jogo é derrotar o imperador Shao Kahn, que pretende dominar a Terra. Para isso, os lutadores batalham em diversas arenas do Outworld.

SAIBA MAIS

Monument valley é um exemplo de *puzzle*, lançado em 2014, para smartphones iOS e Android. O objetivo do jogo é decifrar os caminhos que levam ao próximo reino. Composto por elementos geométricos, cenários deslumbrantes e belas músicas, este jogo é praticamente uma experiência.

Operação Abaporu é um exemplo de jogo educativo, lançado em 2014 pela Lumen Games, para smartphones iOS e Android. No jogo, o famoso quadro *Abaporu*, de Tarsila do Amaral, é roubado, tendo o jogador que assumir o papel de investigador. Em sua jornada, o jogador aprende sobre história, geografia, arte e cultura nacional.

Warcraft: orcs & humans é um exemplo de jogo de estratégia, lançado originalmente em 1994, pela Blizzard. O jogo se dá em tempo real, e o jogador pode jogar como humano ou como orc. O objetivo nos dois casos é construir uma aldeia, aumentar seu exército e conseguir mais territórios, a partir de diversas missões.

2. Quebra-cabeça ou *puzzle*

Gênero com os mais diversos formatos, tem por objetivo a solução de um problema ou tarefa sob demanda. Pode integrar outros jogos.

3. Educativos

Os jogos educativos visam ao ensino, de maneira lúdica, dos mais diversos temas e assuntos, geralmente visando um público-alvo ou faixa-etária específicos.

4. Estratégia

Esses jogos se configuram como gerenciais, ou seja, possuem um conjunto de recursos limitado que, por isso, precisa ser administrado ao longo do tempo. Têm como característica um objetivo predefinido, exigindo que o jogador assuma um papel de liderança e supervisão de todos os recursos fornecidos.

5. Interpretação de personagem (RPG)

Esse gênero possibilita ao jogador interpretar um personagem que pode ou não ser da vida real. Essencialmente desenvolvido para se jogar em conjunto, exige colaboração para conquista de um objetivo único. Consiste no equilíbrio da criação de personagens com diferentes talentos e habilidades, que participam em diversas atividades, de acordo com a narrativa. As escolhas dos personagens e suas ações refletem na evolução durante o jogo, tendo o jogador um papel crucial no desenrolar de sua história.

6. Simulação

Tem como principal característica a tentativa de reproduzir, com a maior fidelidade possível, ações e aspectos da vida real.

6.1. Construção e gerenciamento

Jogos de simulação de esportes que reproduzem determinadas situações da vida real, pois seguem as regras gerais das práticas esportivas e trazem, inclusive, as habilidades dos atletas do mundo real para o ambiente do jogo. Envolvem a gestão de recursos e pessoas, permitindo que o jogador controle times, funcionalidades, estratégias e até o nível de esforço físico de cada um dos personagens dentro das partidas.

6.2. Simuladores de vida

Nesse subgênero, os jogos simulam a vida real por meio do controle da vida de personagens, que possuem características e necessidades semelhantes às nossas.

6.3. Sandbox ou caixa de areia

Nesse subgênero, o jogador tem limitações mínimas e pode vagar pelo mundo virtual, modificando e construindo o seu próprio jogo como desejar. Ao contrário dos jogos de progressão, um sandbox prioriza a exploração e permite que o jogador direcione as tarefas que serão realizadas.

> **SAIBA MAIS**
>
> *FIFA* é um exemplo de jogo de simulação de esportes, lançado originalmente em 1993, pela EA Sports. O objetivo do jogo é simular uma partida de futebol.
>
> *Sim City* é um exemplo de jogo de simulação, lançado originalmente em 1989, pela Maxis. O objetivo do jogo gira em torno do jogador, que deve construir e aprender a gerir uma cidade.
>
> *Minecraft* é um exemplo de jogo sandbox, lançado originalmente em 2011, pela Mojang. O objetivo do jogo é permitir que o jogador construa o próprio mundo idealizado por ele, utilizando blocos em formato de cubos.

CRIANDO UM PROJETO DE GAME DESIGN

O documento de game design é de vital importância para a elaboração de todas as outras etapas de projeto, sendo o registro de como a história vai se conectar com os outros pontos-chave, como regras, mecânica e cenários.

Não há um manual de regras que determine que esse documento deva ter um formato específico. Ao contrário, ele é adaptável à natureza do projeto de criação de jogos, podendo ser encontrado e desenvolvido por meio de muitas metodologias e formatos, mesmo porque os tipos e estilos de jogos são vastos, desde um simples jogo estilo *board game* ou tabuleiro até um jogo de aventura em primeira pessoa, mais elaborado e longo.

Segundo o autor Jesse Schell, que escreveu o livro *The art of game design* em 2008, existem processos essenciais no desenvolvimento de um bom game design: o jogo deve conectar o game designer (designer de jogos) com o player (jogador). Para tanto, ele define estes cinco elementos:

GAME DESIGNER – é o profissional que inicia o processo e deve pensar em como será a experiência do jogo de forma geral. Basicamente, é ele quem orquestra e alinha todo o desenvolvimento com diversos outros profissionais, como programadores, ilustradores, roteiristas, investidores, etc.

PROCESSO – é o desenvolvimento em si. Nessa fase aparecem os primeiros protótipos e são projetadas as mecânicas, a dinâmica do jogo e a interação usuário/jogo.

JOGO – aqui já existe um protótipo mais elaborado, então refina-se a mecânica, adicionam-se desafios, enigmas e referências, além de elementos de interação, tudo com foco em testes.

JOGADOR – o jogo é desenhado para um jogador, sendo de extrema importância ter o perfil desse jogador bem delineado, para que as decisões de criação e implementação, desde a escolha das cores e formas até o marketing, sejam mais assertivas.

EXPERIÊNCIA – tratamos da adequação do jogo para que o jogador tenha uma experiência positiva, ou seja, aqui se trabalha o fluxo do jogo (dificuldade de cada tarefa), a estética, o áudio, a narrativa; em linhas gerais, como o jogador deve agir e se sentir em cada etapa.

O exemplo de documento de game design que utilizaremos aqui tem o intuito de mostrar os aspectos técnicos, estéticos e narrativos do jogo *Aedes Destroyer* (criado por Tiago Bezerra e Fabiana Guerra), desenvolvido para conscientizar crianças e jovens sobre a prevenção contra o mosquito *Aedes aegypti*. Com esse exemplo, será possível compreender melhor como um jogo pode ser desenvolvido, desde o enredo, passando pela mecânica de jogo, seus objetivos, jogabilidade e ferramentas de desenvolvimento. Assim, será possível que se tenha uma visão do processo de produção e desenvolvimento como um todo.

INTRODUÇÃO

Aspectos iniciais, como enredo, público-alvo e estilo de jogo.

RESUMO DA HISTÓRIA

A cidade e o campo foram invadidos por terríveis mosquitos portadores do vírus da dengue que podem infectar a população. Cabe ao nosso herói, você, o Aedes Destroyer, eliminar o máximo possível de mosquitos com sua super-raquete elétrica e, ao final, transmitir todas as informações para que a população mantenha o mosquito longe.

Logotipo do game
Aedes Destroyer.

GAMEPLAY OVERVIEW

Nosso herói, o Aedes Destroyer, deve derrotar o maior número possível de mosquitos na tela, para que eles não dominem o território e ataquem a população. Para isso, utiliza uma raquete elétrica para acertá-los dentro de um tempo determinado: quanto mais o tempo passa, mais mosquitos aparecem por conta do acúmulo de lixo e da água parada. O jogo estimula a competição, porque cada jogador tem um score no final da partida, e o intuito é ficar em primeiro lugar. No final de cada tentativa, uma mensagem nova de conscientização aparece.

GÊNERO, SEMELHANÇAS E DIFERENÇAS

É um **SERIOUS GAME** de ação, em primeira pessoa, no estilo **POINT AND CLICK**, ambientado em um cenário que representa a cidade ou o campo, com focos de proliferação do mosquito. Possui um estilo cartoon, e os personagens e cenários são vetores. Sua jogabilidade é simples, com foco na velocidade de posicionamento e clique do mouse.

PÚBLICO-ALVO

O jogo destina-se a crianças e jovens de escolas ou comunidades afetadas pela dengue, mas também pode ser implementado para jogadores de faixa etária mais ampla, de adolescentes até adultos, que não são jogadores assíduos de games e procuram um jogo rápido e fácil de aprender.

GLOSSÁRIO

SERIOUS GAME: é um jogo interativo, com o objetivo de transmitir conteúdo educacional ou de treinamento.

POINT AND CLICK (APONTAR E CLICAR): são jogos em que é preciso explorar o cenário com a ajuda do seu mouse.

DIFERENCIAIS DO JOGO

É um jogo visualmente atrativo e interativo, pois possui jogabilidade simples, com poucos movimentos e ações. Além disso, é um jogo colorido e dinâmico, que utiliza apenas o mouse como movimento de ação, fazendo com que a expectativa de jogar seja ainda maior. Tem um grande apelo social, cenários fáceis de compreender e estimula a competição. É um jogo excelente para desenvolver os reflexos, o raciocínio rápido e a coordenação motora, pois exige controle preciso do mouse e rápido clique no botão.

FLUXO DO JOGO

O fluxo do jogo tem como base o movimento do mouse e o clique com o botão esquerdo para atingir um alvo – no caso, os mosquitos. O aparecimento do inimigo (mosquitos) é gradual: ao longo do tempo a quantidade aumenta e o jogador precisa pressionar o botão do mouse com maior velocidade. Algumas especificações:

TELA DE INÍCIO – contém logotipo do jogo, informações de como jogar, campo para colocar o nome do jogador e botão de play.

TEMPO DO JOGO – 1 minuto.

TELA DE TÉRMINO – score e mensagem de prevenção contra o mosquito.

INTERFACE E INTERAÇÃO

Nesse momento, descrevemos quais são os mecanismos de entrada e saída utilizados pelo jogo.

ENTRADAS

O jogo utilizará o mouse como entrada para os controles gerais. Por meio do teclado, o jogador adiciona seu nickname e, com o mouse, o jogador pode escolher a opção *play* na tela inicial de comandos.

SAÍDAS

A saída é feita por meio de vídeo (monitor) e som (caixas de som ou fones de ouvido).

TELAS

As telas ou cenas são apresentadas como plano de fundo e têm como foco simular a cidade e o campo, locais onde possa haver foco de dengue.

> **SAIBA MAIS**
>
> No jogo *Aedes Destroyer*, o esquema de telas é simples e não há mudança de fases. Em um jogo mais complexo, sugerimos utilizar um gráfico ou diagrama mostrando a sequência de telas e as transições entre elas.

Cenário principal do game *Aedes Destroyer*.

MENUS

Listagem das telas que possuem menus para seleção:

MENU INICIAL – os jogadores têm contato com o botão *play*, que leva o usuário ao início de uma nova partida. Outras informações são solicitadas antes do início do jogo – há um campo para adicionar o *nickname do jogador*, por exemplo.

INÍCIO DA PARTIDA – a tela exibe informações que auxiliam o jogador, como *score* e *tempo*.

FIM DA PARTIDA – a tela exibe informações de *score* e mensagem de conscientização para prevenir a proliferação do mosquito transmissor da dengue.

MECÂNICA DO JOGO

São os aspectos de interação mecânica do jogo: o comportamento de armas, objetos, ferramentas, inimigos e do cenário do jogo.

MECÂNICA BÁSICA

O jogo tem como mecânica básica o voo de mosquitos pela tela, que vão aumentando de quantidade ao longo do tempo. O mouse opera como uma raquete elétrica que permite ao jogador clicar sobre os mosquitos que explodem no ar. Os mosquitos aparecem de forma randômica, em qualquer lugar da tela.

AÇÕES DE COMBATE

A raquete do jogador entra em ação por meio do clique no botão esquerdo do mouse.

ARMA BÁSICA

A raquete acionada pelo botão esquerdo do mouse tem o poder de explodir os mosquitos no ar. O poder da arma é sempre constante, e a munição é infinita.

> **SAIBA MAIS**
>
> No jogo *Aedes Destroyer* temos apenas uma arma, mas em outros estilos de jogos vale adicionar um campo para todas as armas, ferramentas, poderes e suas variações, bem como a forma como cada uma funciona e pode ser acionada pelo jogador.

Arma principal
do game
Aedes Destroyer.

ATAQUES

No jogo não há ataques do inimigo; o que pode ocorrer é eles dominarem a tela. Isso implica um *score* baixo para o jogador.

PROGRESSÃO DO JOGO

O jogo não possui fases. O indicador é o cumprimento do tempo, eliminando o maior número de mosquitos. A dificuldade aumenta, pois aparecem mais mosquitos na tela.

CONDIÇÕES DE VITÓRIA

Para vencer, o jogador deve eliminar uma grande quantidade de mosquitos para se manter em primeiro lugar no *score* total do jogo.

DETALHAMENTO TÉCNICO

São definidos os aspectos técnicos relacionados a equipamentos e ferramentas que podem ser utilizados no desenvolvimento do game.

HARDWARE

Windows XP ou superior

Memória RAM – mínimo de 2 GB

Placa de vídeo – mínimo de 128 MB

SAIBA MAIS

No jogo *Aedes Destroyer* temos apenas um inimigo; em outros jogos, pode haver vários. Por isso, vale acrescentar um tópico para identificar todos os inimigos, seus poderes e ataques, e o modo como podem ser bloqueados pelo jogador.

Mouse

Teclado

Som

Placa de rede ou wi-fi

Monitor com resolução mínima de 1024 × 768 px com 32 bits de cores

SOFTWARES

Adobe Photoshop

Adobe Illustrator

Adobe After Effects

Construct

ENGINE

Em razão das características do jogo, optou-se pela utilização do **CONSTRUCT**.

ARTE

Nesta seção apresentamos os aspectos artísticos e de design do jogo.

GLOSSÁRIO

CONSTRUCT: é um software desenvolvido para a criação de jogos eletrônicos, conhecido também como game engine. Ele foi projetado para a criação de jogos 2D baseados em HTML 5, para os quais o usuário não necessita de conhecimentos profundos de programação, apenas de conceitos de lógica, permitindo ainda a exportação do jogo para diversas plataformas. Toda a programação de jogos feita no Construct é visual e utiliza eventos e ações para realizar movimentos e interações.

RESUMO DE ESTILO

O estilo a ser utilizado no jogo é mais infantil, com personagens não realistas, no estilo cartoon. Todos os desenhos são vetoriais, com uma paleta bem colorida, em contraste com o mosquito, que é preto e branco.

CONCEPT ART DE PERSONAGENS, ARMAS E CENÁRIOS

O personagem do jogo é o próprio mosquito transmissor da dengue, em estilo cartoon. A arma é a raquete elétrica e o cenário é a cidade. Veja a seguir imagens da concepção do personagem.

ATIVIDADE >>

Na página recomendada, você encontra um link para fazer o download de uma nova ferramenta que permite criar um game design, que é o Canva de Game Design. Ele possui as principais referências da concepção de um game, só que de uma maneira bem visual e dinâmica. Acesse: http://abxygames.wixsite.com/gdcanvas.
A utilização é gratuita, e você pode exercitar sua criatividade idealizando seu jogo.

Personagem principal
do game
Aedes Destroyer.

JOGABILIDADE

A jogabilidade é um dos elementos que compõem a experiência de jogar. Indissociável à narrativa, conecta o jogo e o jogador, mediando as ações que permitem ao usuário interagir no universo digital. Definimos jogabilidade quando o jogador está em ação e tenta superar seus desafios. A jogabilidade é uma interação entre as regras e a tentativa do jogador de jogar o jogo.

Os jogos digitais possuem quatro elementos fundamentais, que caracterizam a experiência do jogador durante o ato de jogar: a mecânica, o enredo, a estética e a tecnologia, como veremos a seguir.

1. **MECÂNICA** – são as regras e os objetivos de um jogo, a parte técnica que determina como o jogador irá, mecanicamente, relacionar-se com o jogo e como os botões que ele deve apertar, por exemplo. No cinema, o entretenimento é passivo, temos a narrativa, a estética e os efeitos sonoros e visuais; nos games, temos tudo isso mais a mecânica, que determina o fator *interação*, ou seja, o usuário é ativo.

2. **ENREDO** – é a sequência de eventos que se desdobram durante o jogo. Essa história tanto pode ser linear quanto inscrita ou ramificada – o importante é que dará suporte para a mecânica e se tornará mais compreensível ao longo do jogo. Para reforçar a história, os elementos estéticos são fundamentais, assim como a tecnologia envolvida.

3. Estética – determina o aspecto visual do jogo, como ele pode ser sentido, visto, experimentado. Esse é um aspecto fundamental do design de jogos e, junto ao desenrolar das ações, tem relação direta com a experiência do jogador. Quando um certo tom é impresso à estética, ela, juntamente com os outros elementos, permite a imersão durante a experiência de jogar, criando a possibilidade de o jogador sentir o mundo ficcional e perceber os seus impactos.

4. Tecnologia – não necessariamente apontamos para tecnologia de ponta. Tecnologia se refere aqui a qualquer material e suporte que permita as interações necessárias para o jogo acontecer. A tecnologia escolhida para o jogo permite que determinadas ações possam ou não acontecer, sendo essencial também para dar suporte à estética necessária e à mecânica escolhida.

REGRAS

As regras do jogo são projetadas para serem facilmente assimiladas por qualquer tipo de jogador; mas também apresentam desafios que requerem criatividade para serem superados.

O teórico Jesper Juul (2005) afirma que existem duas formas distintas de criar desafios para os jogadores: pelo desafio de emergência (regras se combinam para oferecer variação) e pelo desafio de progressão (desafios apresentados em série, que variam mediante regras, do menor para o maior).

Jogos de emergência são uma forma de jogo historicamente dominante. Jogos de progressão são formas de jogo mais recentes, nas quais o designer do jogo determina criteriosamente as formas possíveis de progressão do jogador.

Podemos enumerar algumas variações na elaboração das regras de um jogo. Veja a seguir algumas possibilidades.

REGRAS DE OPERAÇÃO – elas são, basicamente, "o que os jogadores precisam fazer no jogo". Quando os jogadores compreendem as regras de operação, eles têm as ferramentas necessárias para jogar. São ações como pular, abaixar, mover-se, girar, atirar, e assim por diante.

REGRAS BÁSICAS – são a estrutura formal do jogo. Como os dados, fichas, gráficos, saúde, entre outros, que têm a finalidade de manter o estado do jogo, são as informações que alimentam as regras de operação. Por exemplo: se a saúde do jogador está debilitada, ele deve se defender para não receber mais golpes.

REGRAS COMPORTAMENTAIS – são regras implícitas à jogabilidade que são compreendidas de forma natural pelos jogadores, quase como um "espírito esportivo". Essa regra subsidia a ideia de que um jogo é uma espécie de contrato social, cujas regras não escritas.

REGRAS ESCRITAS – são as regras "que vêm com o jogo", no manual, documento que deve ser compreendido pelos jogadores. Jogos digitais permitem que o jogador aprenda essas regras durante a ação, como um manual jogável ou um tutorial. A questão fundamental para essas regras é definida pelo designer de jogos: "Como os jogadores aprenderão a jogar o meu jogo?".

LEIS – essas regras aparecem em jogos em que há disputa, jogos competitivos, nos quais existe a necessidade de registrar explicitamente e oficialmente o que é aceito e não aceito – como se ganha e se perde. Essas regras aparecem em jogos de luta e em torneios, por exemplo.

Ficção

Assim como afirmamos anteriormente que todos os jogos possuem regras, agora podemos dizer que todos os jogos, de alguma forma, se alicerçam em um mundo ficcional. Para que um jogo ocorra, é preciso termos um jogador; esse jogador controla um personagem ou um elemento, que por sua vez encontra-se em um determinado contexto ou um ambiente. A narrativa apresenta a história do jogo, enquanto o jogador se imagina dentro dela.

Regras e ficção competem pela atenção do jogador e são complementares, mas... não são iguais. Regras se relacionam com os objetivos ou desafios, enquanto a ficção cria uma história envolvente para possibilitar que esses desafios possam ser aplicados, ou seja, é impossível falar de ficção nos jogos sem mencionar suas regras.

As regras e os aspectos ficcionais do jogo se complementam durante a experiência de jogar. Os caminhos narrativos que o jogo pode adquirir, dependendo da ação desempenhada pelo personagem controlado pelo usuário, resultam em diversos desfechos. Portanto, a experiência do jogador pode se constituir tanto pelo "esforço" em direcionar as possibilidades disponíveis quanto pelo envolvimento emocional em relação a essas possibilidades.

O "envolvimento emocional" de um jogador em relação a um jogo digital está também relacionado com a experiência que ele tem ao jogar o tal jogo e com a definição de possibilidades a cada tipo de desfecho possível. Como cada desfecho está conectado com uma possibilidade narrativa diferente para o jogo, podemos dizer que as possibilidades narrativas que vão se delineando estão conectadas com o fator jogabilidade e acabam, juntos, criando diversos tipos de envolvimento emocional.

Jesper Juul (2005) divide o mundo ficcional conforme a classificação a seguir:

JOGOS ABSTRATOS – são jogos que não representam algo de forma completa, mas são compostos de partes individuais. Um jogo de damas, por exemplo, é um conjunto de peças que não representam nada figurativamente em algum contexto – o jogo se desenvolve em torno de suas regras. Um bom exemplo de jogo digital abstrato é o **TETRIS**.

JOGOS ICÔNICOS – nesses jogos, suas partes individuais têm ícones que significam algo em um contexto, como um rei de copas em um baralho pode representar a figura de um rei. Não temos no baralho, de forma descritiva, a relação desse rei específico com os outros reis de outros naipes, ou com as cartas de outro valor do mesmo naipe. Podemos dizer, de forma investigativa, que o rei e a rainha de copas são marido e mulher e o valete é parte da corte real, mas é complicado definir algo além disso.

JOGOS DE MUNDO INCOERENTE – esses são jogos de mundo ficcional, porém os eventos do jogo se contradizem às regras, que não parecem estar implicadas na história. Essa contradição, contudo, não cria um problema para o jogador. No jogo *Super Mario World*, por exemplo, não há explicação do porquê o personagem Mário possui três vidas. É uma regra estabelecida desconexa com a narrativa, mas isso não impede que o jogo aconteça em sua totalidade.

GLOSSÁRIO

TETRIS: é um jogo abstrato estilo quebra-cabeças, criado em 1984 pelo cientista russo Alexey Pajitnov. O nome do jogo foi inspirado na letra grega Tetra, que significa "quatro". Em 1988, foi licenciado para a Nintendo e lançado para o Game Boy.

SAIBA MAIS

O jogo *Super Mario World* é um jogo de mundo incoerente estilo plataforma e foi lançado em 1990, pela Nintendo.

JOGOS DE MUNDO COERENTE – são jogos que possuem uma narrativa extremamente atrelada às regras, em que o jogador imagina cada detalhe do jogo sem nenhuma interferência. Chamamos esse tipo de jogo de jogos completos. Bons exemplos seriam os jogos de aventura para console.

Existe, portanto, uma aproximação das regras com as questões ficcionais nos jogos digitais, que não se constituem apenas em um conjunto de regras mas também possuem mundos ficcionais que podem ser explorados como fonte de diversão para o jogador, dando suporte às regras.

GLOSSÁRIO

REALIDADE VIRTUAL: tecnologia de interface que simula a realidade a partir de imagens tridimensionais em um ambiente virtual. Ao criar efeitos sonoros, visuais e táteis, permite que o usuário entre em um estado de completa imersão na experiência simulada.

REALIDADE AUMENTADA: tecnologia de interface que mistura elementos do mundo virtual com cenários, vídeos e imagens do mundo real. Cria uma interação maior, como novas possibilidades, em uma dimensão antes não imaginada, que pode alterar a forma como executamos tarefas, pilotamos máquinas ou equipamentos e até nos comunicamos.

SAIBA MAIS

O jogo *Pokemon Go*, para iOS e Android, popularizou a tecnologia da realidade aumentada, permitindo que jogadores relacionem os personagens virtuais com as localidades físicas. Você ainda pode baixar o jogo e testar a realidade aumentada.

A noção do design digital centrado em telas também passa por crescente transformação com o desenvolvimento de tecnologias que se expandem ao nosso redor, como a **REALIDADE VIRTUAL**, a **REALIDADE AUMENTADA**, a internet das coisas, entre outros termos e usos que começam a surgir e demandar estudo. Quanto mais os aparelhos necessários para suportar tais tecnologias forem barateados e tiverem seu tamanho reduzido, maior será sua penetração no mercado e em nosso dia a dia.

Com tantas novas formas de se comunicar e de se relacionar por meio dessas tecnologias emergentes, além de novos espaços de interação, é indiscutível o fato de que a forma como consumimos os conteúdos e a nossa cultura se adaptaram, fazendo surgir fenômenos como as mídias sociais, os jogos on-line, a transmidiação de conteúdos e a cultura de fãs, entre outros.

Essa convergência de conteúdos e mídias se refere às transformações tecnológicas, mercadológicas, culturais e sociais percebidas na contemporaneidade a partir dos meios de comunicação e do fluxo de conteúdos que perpassam e se criam com as múltiplas plataformas de mídia. Tais conteúdos podem ser cocriados por várias pessoas de culturas e locais distintos com um olhar inteiramente novo, complementando-se ou se modificando de acordo com a apropriação que é feita deles. Aqui se destaca o papel essencial do design no universo digital, buscando aglutinar todas as informações e novidades da tecnologia para a geração de conteúdos multimídia de qualidade.

Assim, para obtermos comunicação nos meios digitais se faz necessária a participação ativa de usuários e produtores desse meio. Por isso a informação e o conteúdo nunca são estáticos ou ficam abrigados em apenas um local, sendo versáteis, modificando-se e se complementando, além de transitarem por vários canais e meios. Apesar de os canais digitais influenciarem a troca e a participação, a convergência das mídias é mais do que apenas uma mudança simplesmente tecnológica; ela na verdade altera a relação entre as tecnologias já existentes e os meios de comunicação digitais que aparecem pelo avanço das novas mídias. A convergência envolve uma transformação tanto na forma de produzir quanto na forma de consumir conteúdo nos meios de comunicação e para eles.

A partir do fenômeno da convergência, verificamos outras tendências que aparecem fortemente, como a produção de conteúdo **TRANSMÍDIA**. O uso da transmidiação em produtos da área de entretenimento não é novidade; mas, com o surgimento da mídia digital e dos vários espaços dentro dela, ficou mais presente nos últimos anos.

Transmídia é um termo muitas vezes confundido no ambiente de novas mídias e aparece sempre conectado às mídias digitais e às mídias de massa, como a TV e o cinema com a internet e as mídias sociais. Outros termos comuns no ambiente digital também merecem ser destacados, pois favorecem essa transmidiação de conteúdo. A *crossmedia*, a distribuição de conteúdo, produto e experiências por meio de diversas mídias e plataformas de comunicação criadas no mundo digital ou offline; a *intermedia*, que compreende as obras de arte que se constroem na interseção de dois ou mais meios; e a própria *hipermídia*, que se configura como um sistema de registro e exibição de informações digitais com o uso do computador, que permite acesso a conteúdo diverso por meio de links.

Podemos notar, dessa forma, que a cultura digital, enquanto organismo vivo, se adapta e incorpora cada nova tecnologia, ao nos tirar da inércia de receptores de conteúdo,

> **GLOSSÁRIO**
>
> **TRANSMÍDIA:** conteúdo que utiliza diferentes mídias para completar a narrativa ou o consumo de informação. A história pode ser contada em cada plataforma de uma forma diferente e inovadora, sem repetição de conteúdo, valorizando a experiência interativa e despertando interesse do público-alvo.

ampliar nossa capacidade de comunicação e nos transportar ao patamar de criadores em ambientes concomitantes e convergentes.

Os processos digitalizados ampliaram o potencial de geração de conteúdo, democratizando a produção de mídia por meio de interfaces e controles amigáveis que permitem seu acesso, mesmo sem o domínio técnico das complexas linguagens dos sistemas computacionais. Esse fato exige que o designer que atua no campo digital se aproprie tanto dos princípios do design, em sua essência, quanto das novidades tecnológicas emergentes para que possa se destacar enquanto projetista nesses tempos de efervescência e convergência.

O que esperar do futuro e do design digital? Muito trabalho e a já tradicional avalanche de informações e tecnologias que, mais do que nunca, precisarão ser desvendadas, agrupadas, tratadas e desenvolvidas por profissionais polivalentes, capazes de fazer delas estruturas amigáveis para convivência e comunicação efetiva.

E aí? Vamos juntos?

BIBLIOGRAFIA

Livros

ANG, T. *Vídeo digital: uma introdução*. São Paulo: Editora Senac São Paulo, 2007.

BERGSTRÖM, B. *Fundamentos da comunicação visual*. São Paulo: Edições Rosari, 2009.

BRINGHURST, R. *Elementos do estilo tipográfico – versão 4.0*. São Paulo: Ubu Editora, 2018.

BONSIEPE, G. *Do material ao digital*. São Paulo: Blucher, 2015.

BROWN, T. *Design thinking: uma metodologia poderosa para decretar o fim das velhas ideias*. Rio de Janeiro: Elsevier, 2010.

COMPARATO, D. *Da criação ao roteiro: teoria e prática*. 4ª ed. São Paulo: Summus Editorial, 2016.

DONDIS, D. A. *Sintaxe da linguagem visual*. São Paulo: Martins Fontes, 2007.

FLATSCHART, F. *HTML5: embarque imediato*. Rio de Janeiro: Brasport, 2011.

FLEMING, J. *Web navigation: designing the user experience*. Boston: O'Reilly Media, 1998.

FRASER, T. & BANKS, A. *O guia completo da cor*. São Paulo: Editora Senac São Paulo, 2007.

GOMES FILHO, J. *Gestalt do objeto: sistema de leitura visual da forma*. São Paulo: Escrituras, 2008.

GORDON, B. & GORDON, M. *O essencial do design gráfico*. 2ª ed. rev. São Paulo: Editora Senac São Paulo, 2014.

JENKINS, H. *Cultura da convergência*. 2ª ed. São Paulo: Aleph, 2013.

JUUL, J. *Half-real: video games between real rules and fictional worlds*. Cambridge: The MIT Press, 2005.

KRUG, S. *Não me faça pensar: uma abordagem de bom senso à usabilidade na web*. Rio de Janeiro: AltaBooks, 2008.

LOWDERMILK, T. *Design centrado no usuário: um guia para o desenvolvimento de aplicativos amigáveis*. São Paulo: Novatec, 2013.

LUPTON, E. *Pensar com tipos: guia para designers, escritores, editores e estudantes*. São Paulo: Cosac Naify, 2006.

_____ & PHILLIPS, J. C. *Novos fundamentos do design*. São Paulo: Cosac Naify, 2008.

_____. *Intuição, ação, criação: graphic design thinking*. São Paulo: Gustavo Gili, 2016.

MARCOTTE, E. "Responsive web design". Em *Site institucional*, 25-5-2016. Disponível em https://alistapart.com/article/responsive-web-design. Acesso em 24-10-2018.

MOLICH, R. & NIELSEN, J. "Improving a human-computer dialogue". Em *Communications of the ACM*, 33 (3), março 1990, pp. 338-348. Disponível em https://dl.acm.org/citation.cfm?id=77486. Acesso em 24-10-2018.

_____. "Heuristic evaluation of user interfaces". Em *CHI '90 Proceedings of the SIGCHI Conference on Human Factors in Computing Systems*, Seattle, 1-5 abril de 1990, pp. 249-256. Disponível em https://dl.acm.org/citation.cfm?id=97281. Acesso em 24-10-2018.

MORVILLE, P. & ROSENFELD, L. *Information architecture for the World Wide Web*. 2ª. ed. Sebastapol: O'Reilly, 2002.

MUNARI, B. *Design e comunicação visual*. 4ª. ed. São Paulo: Martins Fontes, 2001.

NIELSEN, J. "10 usability heuristics for user interface design". Em *Site institucional*, jan. 1995. Disponível em https://www.nngroup.com/articles/ten-usability-heuristics. Acesso em 24-10-2018.

_____.*Projetando web sites: designing web usability*. Rio de Janeiro: Elsevier, 2000.

OSTERWALDER, A. et al. *Value proposition design: como construir proposta de valor inovadoras*. São Paulo: Alta Books, 2018.

PHILIPS, P. L. *Briefing: a gestão do projeto de design*. São Paulo: Blucher, 2008.

RAND, P. *Design, form, and chaos*. New Haven: Yale University Press, 1993.

SALEN, K. & ZIMMERMAN, E. *Rules of play: game design fundamentals*. Cambridge: MIT Press, 2004.

SAMARA, T. *Grid: construção e desconstrução*. São Paulo: Cosac Naify, 2007.

SANTOS, S. *Introdução à IoT: desvendando a internet das coisas*. S/l.: SS Trader Editor, 2018.

SCHELL, J. *The art of game design: a book of lenses*. Burlington: Morgan Kaufmann, 2008.

THOMAS, F. & JOHNSTON, O. *The illusion of life: Disney animation*. Nova York: Disney Editions, 1984.

VOGLER, C. *A jornada do escritor*. São Paulo: Aleph, 2015.

WELLS, P. et al. *Desenho para animação*. Porto Alegre: Bookman, 2012.

WILLIAMS, R. *Manual de animação: manual de métodos, princípios e fórmulas para animadores clássicos, de computador, de jogos, de stop motion e de internet*. São Paulo: Editora Senac São Paulo, 2016.

WROBLEWSKI, L. *Mobile first*. S.l.: A Book Apart, 2011.

Websites

AEDES DESTROYER. Disponível em http://studionanquim.com/aedes-destroyer. Acesso em 24-10-2018.

CANVA. *Site institucional*. Disponível em https://www.canva.com. Acesso em 24-10-2018.

CANVA DE GAME DESIGN. *Site institucional.* Disponível em http://abxy-games.wixsite.com/gdcanvas. Acesso em 17-12-2018.

CELTX. *Site institucional.* Disponível em https://www.celtx.com/index.html. Acesso em 24-10-2018.

COGGLE. *Site institucional.* Disponível em https://coggle.it. Acesso em 24-10-2018.

FIGMA. *Site institucional.* Disponível em https://www.figma.com. Acesso em 24-10- 2018.

GAME DESIGN CANVAS. *Site institucional.* Disponível em http://abxyga-mes.wixsite.com/gdcanvas. Acesso em 24-10-2018.

KERN ME. *Site institucional.* Disponível em https://type.method.ac. Acesso em 24-10-2018.

MARVEL. *Site institucional.* Disponível em https://marvelapp.com/. Acesso em 24-10- 2018.

MINDMAPMAKER. *Site institucional.* Disponível em https://app.mindmapmaker.org. Acesso em 17-12-2018.

PINTEREST. *Site institucional.* Disponível em https://br.pinterest.com. Acesso em 24-10-2018.

W3C – ESCRITÓRIO BRASIL. *Site institucional.* Disponível em http://www.w3c.br. Acesso em 24-10-2018.

FILMES

A INVENÇÃO de Hugo Cabret. Direção de Martin Scorsese. Santa Monica/Owensboro: GK Films; Infinitum Nihil Production, 2011. 1 DVD (2h08).

A LISTA de Schindler. Direção de Steven Spielberg. Universal City: Universal Pictures; Amblin Entertainment, 1993. 1 DVD (3h15).

BLADE RUNNER: o caçador de androides. Direção de Ridley Scott. Hollywood/Hong Kong: Blade Runner Partnership; The Ladd Company; Shaw Brothers, 1982. 1 DVD (1h57).

DIVERTIDA MENTE (Inside out). Direção de Pete Docter. Emeryville: Pixar Animation Studios; Walt Disney Pictures, 2015. 1 DVD (1h42).

INDIANA JONES e os caçadores da arca perdida. Direção de Steven Spielberg. Hollywood: Paramount Pictures, 1981. 1 DVD (1h55).

LOUCADEMIA de polícia. Direção de Hugh Wilson. Burbank: Warner Bros,1984. 1 DVD (1h35).

MOULIN ROUGE: amor em vermelho. Direção de Baz Luhrmann. New York/ Los Angeles/Carlsbad: Bazmark Films; Twentieth Century Fox; Angel Studios. (2001)

O CHAMADO. Direção de Gore Verbinski. Universal City/ Beverly Hills/ Telscombe Cliffs: DreamWorks Pictures; Amblin Entertainment; BenderSpink; Kuziu Enterprises; MacDonald; Parkes Productions, 2002. 1 DVD (1h50).

POR UM PUNHADO de dólares. Direção Sergio Leone. Munich/Roma: Constantin Film Produktion GmbH; Jolly Film, 1964. 1 DVD (1h39).

VIAGEM à Lua. Direção de Georges Mélliès. Paris: Star Film, 1901. 1 DVD (0h16).

JOGOS

FIFA. Vancouver: EA Sports, 1993. Jogo eletrônico.

GOD OF war. Tokyo: Sony Computer Entertainment, 2005. Jogo eletrônico.

MINECRAFT. Stockholm: Mojang, 2011. Jogo eletrônico.

MONUMENT valley. London: Ustwo Games, 2014. Jogo eletrônico.

MORTAL kombat. Chicago: Midway Games, 1995. Jogo eletrônico.

OPERAÇÃO Abaporu. Aracaju: Lumen Games, 2014. Jogo eletrônico.

POKÉMON Go. San Francisco/ Tokyo: Niantic; The Pokémon Company, 2016. Jogo eletrônico.

SIMCITY. Redwood City: Maxis, 1989. Jogo eletrônico.

SONIC origins. Tokyo: Sega, 1991. Jogo eletrônico.

SUPER MARIO World. Kyoto: Nintendo, 1990. Jogo eletrônico.

TETRIS. Moscow: Alexey Pajitnov, 1984. Jogo eletrônico.

WARCRAFT: orcs & humans. Irvine: Blizzard, 1994. Jogo eletrônico.

SOBRE AS AUTORAS

Fabiana Veiga Guerra

Mestre em comunicação, designer, educadora e apaixonada por tecnologia. A inquietação e a ansiedade a tornaram uma pessoa curiosa, sempre disposta a aprender algo novo.

Adora reunir os amigos e a família, sendo algumas de suas paixões os seus dois pugs Ozzy e Zoe. Ama fotografia, viagens, moda e gastronomia. É pesquisadora de jogos eletrônicos e narrativas digitais, docente do ensino superior na área de design, marketing e novas mídias.

Desenvolve cursos, palestras, consultoria e oficinas em design thinking, social media, educação 3.0 e infografia. É certificada pela Adobe como ACI e ACP Autodesk 3Ds Max. Também ministra treinamentos de ilustração e animação 3D, edição e composição de vídeo, e criação e tratamento de imagem.

Mirela Lanzoni Terce

Mestranda em educação e tecnologias digitais, Mirela é designer de multimídia, especialista em mídias interativas, licenciada em artes, curiosa, ilustradora, professora e acelerada, com experiência de mais de dez anos na área e alguns prêmios por aí:

- 1º lugar na categoria Publicação Especial/São Paulo (Prêmio Aberje 2010), com o projeto gráfico e a diagramação do livro *Hydros III – Desafio*;

- 2º lugar no VI Concurso de Brinquedos, com o jogo de tabuleiro pop-up Alice: o jogo, que também integrou a IV Mostra Jovens Designers 2011/2012;

- 3º lugar no concurso de Paper Toys – Papirus, 2011, com o toy *Dudowl*.

Apaixonada por ensinar e aprender, por viagens, pela arte e pela vida, vê cores e texturas em tudo. Adora experiências culinárias, novos temperos e sabores.

Atua como docente nas áreas de design e multimídia, orientando e desenvolvendo diversos projetos relacionados, como expografias, ilustrações, trabalhos impressos e digitais.

ÍNDICE GERAL

Ação 150

Ação arcade 151

Ação secundária (secondary action) 120

Aceleração e desaceleração (slow in and slow out) 118

Agradecimentos 11

Animação 105

Animação clássica 125

Animação digital 2D 126

Animação digital 3D 127

Animação direta e pose a pose (straight ahead action and pose to pose) 114

Animações 148

Antecipação (anticipation) 112

Apelo (appeal) 124

Apresentação 15

Audiovisual 83

Aventura de ação 151

Bibliografia 175

Brainstorming 47

Busca 57

Classificação dos jogos 57

Codificação/programação 148

Comédia 93

Como os jogos são desenvolvidos 142

Comprimir e esticar (squash and stretch) 110

Construção de páginas para web 81

Construção e gerenciamento 153

Continuidade e sobreposição da ação (follow through and overlapping action) 117

Controle de texto e escolhas tipográficas 75

Cor 84

Cores na web 76

Criando um projeto de game design 154

Definição de problemas e ferramentas para a busca de soluções: projetando para o ambiente digital 43

Desenho volumétrico (solid drawing) 123

Design de cenários 146

Design de interface 147

Design de personagens 145

Design para internet 63

Doze princípios da animação, Os 110

Drama 93

Edição de vídeo: conceito 84

Educativos 152

Elementos do design para web 72
Elementos dos sistemas de navegação 73
Encenação (staging) 113
Enquadramentos, movimentos e ângulos de câmera 95
Estratégia 150
Etapas de produção 86
Etapas de produção 130
Exagero (exaggeration) 122
Experiência do usuário (UX) 58
Ficção 94, 168
Fluxo e organização de conteúdo: arquitetura de informação 54
Formas básicas 23
Formatos de arquivo para imagens digitais 37
Futuro do design e sua relação com as novas mídias, O 171
Game design 141
Gêneros 91
Grid 41
Hierarquia 40
Imagem 34
Imagens para web 77
Importância do audiovisual para as novas mídias, A 102
Interfaces interativas e arquitetura de informação 51
Interpretação de personagem (RPG) 152
Introdução ao design digital 17
Jogabilidade 163
Levantamento de informações: briefing 44
Linguagem audiovisual 91
Luta 151
Mapa mental 48

Movimento em arco (arc) 119
Musical 94
Navegação 66
Novas mídias 20
Organização 55
Pesquisa e referências visuais 47
Plataforma 151
Pós-produção 90, 139
Prefácio 9
Pré-produção 86, 131
Principais gêneros e subgêneros 150
Princípios do design aplicados aos meios digitais 22
Processo criativo 46
Produção 90, 138
Prototipação 79
Quebra-cabeça ou puzzle 152
Regras 166
Roteiro 142
Rotulação 56
Sandbox ou caixa de areia 153
Simulação 153
Simuladores de vida 153
Stop motion 128
Storyboard 144
Sumário 4
Temporização (timing) 120
Terror 94
Testes 149
Textura 30
Tipografia 31
Usabilidade, acessibilidade e navegabilidade 59
Western 95